ザ・レインコーツ——普通の女たちの静かなポスト・パンク革命

ジェン・ペリー 著
坂本麻里子 訳

The Raincoats
by Jenn Pelly

This Japanese edition published in 2021
by P-Vine,Inc.,Tokyo

目次 Contents

Tracklist

The Raincoats

Fairytale in the Supermarket
No Side To Fall In
Adventures Close to Home
Off Duty Trip
Black and White
Lola
The Void
Life on the Line
You're a Million
In Love
No Looking

収録曲

『ザ・レインコーツ』

フェアリーテイル・イン・ザ・スーパーマーケット
ノー・サイド・トゥ・フォール・イン
アドヴェンチャーズ・クロース・トゥ・ホーム
オフ・デューティ・トリップ
ブラック・アンド・ホワイト
ローラ
ザ・ヴォイド
ライフ・オン・ザ・ライン
ユーア・ア・ミリオン
イン・ラヴ
ノー・ルッキング

「見上げればそこに海がある／可能性でいっぱいの海が」

〝ランド〟／パティ・スミス

「この世界、この現実、それは物質ではない。それは過程である」

ジョン・ケージ

「あのバンドはビッグなカルト・バンドになるだろうね」

一九七九年『ジグ・ザグ』誌、アリ・アップのレインコーツ評一九七九年のザ・レインコーツの顔ぶれは以下：
アナ・ダ・シルヴァ——ギター、キーボード、ヴォーカル
ジーナ・バーチ——ベース、ヴォーカル
ヴィッキー・アスピノール——ヴァイオリン、ギター、ヴォーカル
パーモリーヴ——ドラムス
シャーリー・オラフリン——コラボレーター

『ザ・レインコーツ』、〈ラフ・トレード・レコーズ〉／一九七九年
プロデューサー：ジェフ・トラヴィス、メイヨ・トンプソン、ザ・レインコーツ
〝ブラック・アンド・ホワイト〟にローラ・ロジックがサキソフォンで参加

序文　Preface

謎解きは高くつくものだ。実験的な小説『アイ・ラヴ・ディック』（一九九七）のなかで、著者クリス・クラウスはそれにかかる費用をじっくり考えつつ、女性アーティストの作品がしばしば明確に定義された「顔」を伴わず登場するのはどうしてなのか？　と疑問を発する。「七〇年代に女性として生きた実体験を女性が物語った行為がどれも、『コラボ型な』あるいは『フェミニストな』としか解釈されてこなかったのはなぜだろう」と彼女は綴る。「チューリヒのダダイストだって協働したが、彼らはそれぞれ天才で名前もちゃんとあったではないか」。主体性、妥当性、歴史にかかる利害関係を見積もった上で、彼女は鋭く「誰が、どうして声を発するようになれるのか、疑問はそこだけだ」と指摘した。

『ザ・レインコーツ』の昏迷した世界に足を踏み入れたとき、これらの疑問がわたしの頭のなかにもぐりこんでいった――歴史の一部になれるのは誰で、それはなぜか？　そしてそれはどんな立場と範囲において？　ザ・レインコーツのギタリストでシンガーのアナ・ダ・シルヴァはこうした疑問を決して避けて通らなかった――まず、メディアと教育が徹底的に検閲されるファシスト国家に生まれ育った学生として。そして後に、パンク関連書籍のなかで挿話的に扱われた、もしくは完全に割愛された存在として。かつて彼女はそれを簡潔に「歴史はヘンだ」と表現した。そして今日、レインコーツがライヴで演奏する際にベーシストのジーナ・バーチは二〇一〇年頃に書かれた〝フェミニスト・ソング〟を歌う。歌詞には女性たちは「歴史から抹消された」というくだりが含まれている。

というわけで『ザ・レインコーツ』はその存在を時代のなかに神秘的に刻むことになった。九〇年代なかばになるまで同作はアメリカ合衆国内できちんと発売されたことがなく、一九七九年のオリジナル・リリース以来の数ディケイドの間にそれ以外の国では一時的に廃盤になってもいた。このアルバムは主にブートレッグのカセット・テープを通じて流布し、その入手不可能さも作品のオーラの増幅に貢献した。レインコーツの各メンバーが個のアーティストとして認識されることはまれだった。彼女たちの周辺で起きる対話が、彼女たちがどんな人間なのか、奇跡的な楽曲の数々に彼女たちが持ちこんだ苦悩や欲望といった点に及ぶことはめったになかった。これはある程度までは、一九七七年から一九八四年にかけての第一期レインコーツのバンドの運営ぶりに起因していた。一九八〇年に、『ローリング・ストーン』誌向けに伝説的なロック評論家グリール・マーカスを相手に談話したとき――〈ラフ・トレード〉レーベルおよびブリテンにおける「ポスト・パンクのポップな前衛」に関するレポート記事――ですら、彼女たちはレインコーツ内ではおなじみの習慣にしたがい、個人ではなく集団として回答した。イギリス人音楽ジャーナリスト、ヴィヴィエン・ゴールドマンもこの平等主義な傾向に注目した――「彼女たちはほかのレインコーツのメンバーの声が（インタヴュー中に）誰かひとりの声で掻き消されてしまわないよう非常に気をつかっていて、おかげで発言の半分くらいは尻すぼみで終わってしまう」と彼女は『メロディ・メイカー』紙に書いた。「この民主主義は、じれったくていらいらする」

そんなグループとしての合同声明のひとつで、レインコーツはマーカスに対しロック・ヒストリーの外側の立ち位置を主張した――「ロックンロールの基本的なテーマは男と女の間で何が起きるか。ロックンロールの基盤はブラック・ミュージック。そしてそれは女性の排除と黒人をゲットーに閉じこめることで成り立っている。自分たちのやっていることとロックンロールの伝統との間にわたしたちが少々距離を置きたいのはそれゆえだ」

マーカスがこのようなインタヴューをおこなうこと自体がめずらしかった。そもそも彼はライターとしてあまり報道寄りの記事を書かないからだ。「自分の好きな音楽を作った人々に会ってみたい、そういう欲求がないんだ」とマーカスはわたしに語った。「とにかくそういう思いが湧かない。ただしこの件に関して言えば、どの音楽も実に興味深い人々が作ったもののように響いた。それでわたしも彼らが何者なのか知りたくなったというわけだ」。こうしてマーカスはサンフランシスコからロンドンへと探究の旅に向かった。マーカスは「自身の作品のあらゆる側面をここまで執拗に自問するロックンロールな人々に会ったのははじめてだ」と『ローリング・ストーン』でこの英シーンについて綴った(記事はエッセンシャル・ロジックとギャング・オブ・フォーもとりあげた)。「ロックンロールの伝統から離れることで、レインコーツはその伝統をオープンに広げてもいる」と彼は記した。

マーカスと同じく、わたしもレインコーツとはどんな人々なのか知りたいと思った。わたしの『ザ・レインコーツ』との絆は常に直観的、理屈ではなく本能的なものだった。はじめて聴いたとき以来、わたしは同作のエモーショナルな主旨にめったにない強烈さで共感してきた。あの作品のメランコリー、生き生きした活気、ユーモア、そして決意と対話していると、鏡を眺めているように、まるであのレコードが自分の延長のように思えた――率直に言えば、奇妙で、ときによそよそしく、負けん気の強い、ひとりぼっちの、内面で常に起きている騒々しい思いを抑えこみたがらない女性のことだ。どうしてそうなるのかぜひ理解したい、そう思ってきた。

こうして二〇一四年十一月、わたしはニューヨークからロンドンに飛び、レインコーツの面々（アナ、ジーナ、シャーリー、ヴィッキー）に彼女たちの作品そして人生に関する質問をぶつけることになった。翌年の夏には、意を決しマサチューセッツ州ケープ・コッドへ、ザ・スリッツの創設者でレインコーツのドラマーでもあったパーモリーヴを探しに向かった。そしてわたしはこれらの物語、自伝的なディテールの数々がレインコーツの初期作品を際立って、否定しようのない形で照らし出すものであるのを発見した。彼女たちの人生を知ることで、わたしの思いは作品を聴くごとに深まった。あれらの楽曲は、人間としての彼女たちの重要な側面を明かすものだったのだ。

レインコーツのコラボレーター兼マネージャーであるシャーリー・オラフリンは一九七八年以来このグループと仕事を続けてきたが、彼女はわたしにこう話してくれたことがあった。「あの音楽をはじめて聴いたときに、自分がバンドとのつながりを感じたのは……聴いてきた音楽のどれとも全然違う、そんな風に感じたからじゃないかと思う。けれどもそれと同時に、この音楽は自分の心の奥深くにずっと存在してきた、そんな感覚もあった」

『ザ・レインコーツ』は一九七九年十一月十九日の週に〈ラフ・トレード・レコーズ〉発の三番目のフル・アルバムとして世に出た。リリース時に『NME』紙のグレアム・ロック――同紙はこの作品を年間ベスト作品の十四位に選出することになる――は同作の少なからぬ重みを感じていた。ロックによれば一九七九年は「ロックンロールにとって重要な年であり、それは女たちがロックンロール音楽の発展にはじめて重大な介入をおこなった年だから」だった。ロックはレインコーツ、そして彼女たちの同期生スリッツの作品は「ロックの伝統からはほぼ逸脱していて……この媒体を支配してきた家父長制度な姿勢および構造に対する既得権益は彼女たちには一切ない。おそらくこれは、音楽的な冒険心の新たな波とフェミニストに鼓舞された政治的な目覚めが合流した最初の徴候であり、それによって次のディケイドのポピュラー・ミュージックに革命を起こせるかもしれない」と提案した。

「だが、推測はこれくらいにしておこう」とロックは続けた。「間違いないのは『ザ・レインコーツ』は素晴らしく独創的な音楽をいくつか含んでいて、八〇年代初期に決定的な影響をもたらす作品になるだろうということだ。ロックンロールの新しい家はここにある。次なるフェーズのはじまりだ」

『ザ・レインコーツ』を聴くとわたしは人生についての様々を学ぶことになる。ときに、あなたは高みに立ち、その下に待ち受ける空虚に向けて悲鳴をあげている。またあるときには愛の抽象性に釘づけにされ身動きがとれなくなり、その下で明解さを求めて必死にもがいている。大切なのは、それでも希望を抱くことだ。

『ザ・レインコーツ』はとても可笑しい作品でもある——〝フェアリーテイル〟で彼女たちが「時計！　時計！」と単調に繰り返す場面もそうだし、ジーナの興奮しやすいベース・ラインがちょこまかとあちこち疾走する様や、パーモリーヴのドシンバタンと騒々しいドラム・ロールがそれ自身の鮮烈な歌を歌っているように思える場面もそうだ。音楽評論家は概してこの点を見落としてきた。だが、わたしが取材し話を聞いた面々、共同プロデューサーのメイヨ・トンプソンから両グループの共有したユーモアについてコメントしてくれたスウェル・マップスのジョー・ヘッドまで、彼らにとってこの点は明白な事実だった。レインコーツの歌はよく無秩序な大騒ぎで幕を閉じる。この誇張された身体性と、にも関わらず彼女たちが毎回なんとか元のさやに戻る不条理さ——地べたに叩きつけられる直前で自らを引っ張りあげてみせる——は、荒っぽく混乱したスラップスティック笑劇のようにも思える。パーモリーヴがはじめてステージに立って演奏したとき、彼女のキットはバラバラになりそこらじゅうぶちまけられた。ドラムの固定法を知らなかった彼女は、一発叩くごとにドラムをいちいち自分の手元に引き寄せたという。

少し前に、わたしは不確かな状況の入り口に立っていた。それは精神の問題よりもやっかいな、心の問題だった。途方もなく迷っていて、自分がどこに進んでいるのかわからず、きびすを返して以前に戻りたいと思った。人生のなかで起きる、船がぐらっと傾くのに似た不安定な局面の数々――そしてそれらが解き放つ恍惚と変容、どうなるかわからない状態が放つ高揚したエネルギー――は、予定調和の安定した日常すべてを足したものよりはるかに価値のあるものだということをわたしは思い出した。これこそ『ザ・レインコーツ』のもっとも偉大なテーマなんだ、との思いが自分のなかに浮かんだ。ふらつく不安定さこそが人生を生むということを。変化にはある程度のためらいが求められるものであることを。『ザ・レインコーツ』で、この点は明確に述べられてはいない――取り返しのつかないくらい、それは肌身で感じられる。そのふらつきのすべてをもって、『ザ・レインコーツ』は動き、パチパチと音を立て亀裂を走らせ続ける地勢だ。その地平は変化している。それは新たに切り開かれた場所だ。

1　One

はじまり

かつてヴァージニア・ウルフは、女性が天才的な作品を作り出すためには彼女たち自身のお金と部屋／空間が必要だと述べた。一九七九年の時点で、レインコーツに金銭的な余裕はまったくなかったが、それでも彼女たちはロンドンにあるボロい地下スクウォットという形で自分たちの部屋を見つけた。それは行き止まりの通りにある完全な廃屋、荒れ果てたリハーサル空間で、あまりに狭苦しく灰色にくすんだ部屋だったゆえに、全員が部屋に集合するためには誰かひとりが床の真ん中に据えられた便器に座らざるを得ないほどだった。年がら年じゅうの大騒ぎ、ノンストップに近い騒音を隠すために壁にはマットレスがひとつ立てかけられていた。魔法は、辺境のみすぼらしさのなかからも光を発する術を持っている。こうしたグロテスクな環境で、レインコーツはある種の美を内面から掘り起こし、いまや古典になったデビュー・アルバムを書いた。

『ザ・レインコーツ』は文字通りひとつのはじまりだが、と同時にはじまりについてのレコードでもある。収録曲を通じてあなたは文化的な起源のストーリーを耳にする。レインコーツとはとある女性の一団で、彼女たちの一部は楽器の演奏を学びはじめたばかりだったが、彼女たちのデビュー作はまたアーティスティックな感性の開始点、おそれ知らずの故意なアマチュア主義のはじまりとも期を一にしていた。これらの曇天な歌の数々は、自分は自分が思っていた人間とは違うことに気づいた際に生じる新しさの感覚に力づけられている。それは自分自身その存在を知らなかった、深く埋められていた物事を自らの内側に見出していくサウンドだ。一音ごとに現実が拡張していく、パンクからの挑戦を受け入れるサウンド。自分たち自身を信じる人々のサウンド。

『ザ・レインコーツ』の主人公、すなわちアルバムの作者でもあるが、それはひとりで都会に生きる若い女性の一匹狼たちだ。彼女たちはコンクリに囲まれた通りを何マイルもさまようが、むしろ頭のなかでは孤独をかみしめている。日常の支離滅裂さがそこらにゴロゴロ転がり散乱している。彼女たちは地下鉄のプラットフォームを凝視し夢を見る。反抗的で大胆なほど内気な気質を備えた『ザ・レインコーツ』は、内向としてのパンク——女性の内面生活を祝福する作品だ。三十四分間にわたるそのがちゃがちゃと騒々しいフェミニストなアウトサイダー・アートが実に多くの世代の女たちにとってのスピリチュアルな音楽になり、いちばんおとなしいはみだしっ子たちを癒す薬になり、アウトサイダーたちのなかに混じったアウトサイダーを讃える不朽の頌歌になってきたのはこれゆえだ。究極の、ひとりぼっち好きな人間のためのアルバムなのだ。

いまやポスト・パンクとわたしたちが呼んでいる反ジャンルの魔法の時間にリリースされた『ザ・レインコーツ』は、長くは続かなかったものの決定的な、全員女性だったラインナップ時のバンドの姿を捉えている。この編成は八ヶ月間しか続かず、七九年夏の終わりまでに彼女たちがそろっておこなったショウは二十八本だった。『ザ・レインコーツ』は女性としての自らの生活状況を反映させるのにとことん率直だった四人の人間による直観的な音楽だ。四つの独特な、異なるパーソナリティが調和しハモっている。彼女たちを送り出した様々な世界——イギリス、スペイン、ポルトガルほか——から影響を引くことで、レインコーツは彼女たち自身の世界を形作っていった。

七〇年代後期に、ちゃんと訓練を受けていないミュージシャンのふりをしていたパンクスは多かった。だがオリジナル版のレインコーツは実際に公衆の面前でプレイしながら自分たちの手法を見つけていき、失敗の数々も自らの風変わりなアートの一部として受け入れ活かしていった（バンドの側はそれらを『失敗』というよりも、むしろノーマルさからの『逸脱』と呼ぶだろうが）。『ザ・レインコーツ』は身体と空間から発したということを聴いて取れるアルバムで、それぞれの楽曲は演奏されたインスタレーション作品を思わせる。このレコードからはパンク精神の実践、異質さの作動、何かになりつつある過程にある女性たちが聴こえてくる。

「自分たちの演奏能力よりもちょっとだけ上をいこうとしていた、そんな感覚がわたしたちには常にあった」とジーナは言う。「実際に自分たちが演奏できるものよりも少し難易度の高いことをやろう、いつもそう努力していた」。あるいは彼女が一九八〇年に『ニューヨーク・ロッカー』誌に語った発言を引用すると、「わたしたちの誰もが自分たちの限界を押し広げようとしながら演奏しているんだよね、ただ単に音に合わせてつま弾くだけじゃなくて」。レインコーツはこの背伸び行為につきものの傷つきやすさのなかに詩を見出した。当時、ヴァイオリン奏者のヴィッキー・アスピノールは「基本的に、わたしたちは自分たちにはたぶん到底無理なことを達成しようとしていて……わたしたちの音楽がちょっとフラついて聞こえることもあるのは、そのせい」と語った。

『ザ・レインコーツ』で、ミニマルなサウンドは編み物を思わせる緻密さで互いに編み合わされている。たっぷりとオープンな空間でライヴ録音されたオーヴァーダブもごくわずかなアルバムであり、この空間性は作品に決定的な次元をもたらしている——楽器群が絡み合う様が聴き取れるし、この点は彼女たちの創作プロセスを照らし出す。ジャズと同様に、『ザ・レインコーツ』も即興演奏と直観を通じ集団として作曲された。ダブがそうであるように、パーツはその生々しいミックスを出たり入ったりする。ゆえに『ザ・レインコーツ』はアンサンブルな質感を含むことになる。それぞれの楽器に人格があり、各自がちゃんと歌っているのだ。たとえばメロディ感覚の豊かなベースは油断できないトリックスターだし、引っ掻くようなヴァイオリンは派手好みの劇作家。ぎざぎざした刃のノイズ・ギターは理不尽。好き勝手にさまようドラムは踊る。

『ザ・レインコーツ』収録曲では、欠点は美徳になる――それは実に致命的なものになりかねない、この世界の隅々にまで浸透した完璧主義に対する解毒剤だ。『ザ・レインコーツ』に鳴る即席な女の子ギャングのシュプレヒコールはおまじないの呪文になる。その金切り声をあげる弦とパリパリに堅く鋭いコード群は神聖なものになる。それらがひとつになって、この「にわか仕立て《スクラッチー》の、崩れ落ちそうな《コラプシー》」【1】サウンドは心をなごませてくれる真実を示唆する。ぶざまな一音は、単にヘマをした結果ではない。そうではなくむしろ、それは現実の反映だ――人生に失敗は欠かせないのだから。パンク・アルバムの数々は、かわいらしくないし洗練されてもいないが、この点を喜びに満ちたノイズで証明してみせる――真の意味で生きるためには、ときに間違いをおかす必要もあるのだ、ということを。

註【1】――スクリッティ・ポリッティのグリーン・ガートサイドが思いついた形容

練習中のレインコーツ（撮影：ジャネット・ベックマン）

先駆者的なロック・ライターであるキャロライン・クーン【2】は、「パンク・ミュージックの歴史をまるごと、男性バンド勢に一切触れずに書くことは可能なはずだ――そうと知ったら、彼ら男性の多くはとても意外に受け止めるだろうとわたしは思う」と示唆したことがあった。『ザ・レインコーツ』を発動させた勢力はこの点を証明する。レインコーツの宇宙において、パンク零年は一九七五年のバワリーの通りを指す――まずはじまりにパティがいて、彼女は光を作り出したし、それは善きものだった。彼女はその光をもって、様々な新たな在り方を照らし出してみせた。

パティ・スミスは力強さの化身だ。彼女は愛するアルチュール・ランボーの「わたしとは他者である」の概念――人は自身に変化を命じ、別の誰かになることを意思するのは可能であるという約束――を体現し、一九七八年発表の『イースター』までには予言的に発する音節ひとつひとつを拮抗させていた――〝バベローグ〟で、彼女は「わたしには過去なんてどうだっていい／だが、わたしは未来とは多いに関わっている」とつぶやく。

一九七六年五月、レインコーツのアナ・ダ・シルヴァとシャーリー・オラフリンとはそれぞれ別個に、ロンドンの会場〈ラウンドハウス〉で開催されたパティ・スミス・グループの英国デビュー公演を観に行った――きたるべきブリティッシュ・パンクの姿を形成していくことになる、駆け出しの美術学校生たちが結集した場だった。「彼女はつかつかとステージに出てきて、手に花を一輪持っていて、それを口に入れ、花びらを吐き出した」とアナは思い返す。もの静かながら好奇心が強く、ポルトガルからロンドンに移住したばかりだったアナは当時、パティの放つ強力なアンドロジニー（両性具有性）に魅了された。「パティ・スミスは自分にとっての、ちょっとした女神になった」と彼女は言う。ライヴの帰り道、アナとシャーリーは洗礼を受けた思いだった。

註【2】――『ザ・ロスト・ウィメン・オブ・ロック・ミュージック』（ヘレン・レディントン著）より

その同じ〈ラウンドハウス〉で、スペイン人の元ヒッピーでパロマ・ロメロなる名前の女性は、一〇代の女の子のアリアン・フォースターが地面に転がってかんしゃくを起こしている姿を目にした。彼女の持って生まれたカリスマに魅力を感じたパロマは、全員女性がメンバーのグループを結成しようとアリアンに持ちかけた――ふたりは間もなくドラマーのパーモリーヴ、シンガーのアリ・アップになった。こうしてスリッツが誕生した。

パティが熱っぽい、抑制されたオーラ――世界があなたに与えたものをなんであれ焼き払い、自らのアイデンティティを作り直すことは可能だと教えてくれた人物として——を放っていたとしたら、スリッツと彼女たちの音楽の気前のいい野性的なエネルギーは、腕を伸ばせばそれに手が届くという感覚をもたらした。レインコーツにとってパティとスリッツは欠けているものを補ってくれた勢力であり、スピリットと衝動を活気づけてくれた。パティは地図をもたらし、スリッツは掘るための道具を提示した。「自分たちにもバンドをやれるかもしれない、わたしがそう感じはじめたのがあのときだった」とアナは言う。「スリッツが発生したあとそう思ったのは間違いない。ドアが大きく開け放たれたのを感じた」

一九七七年三月十一日、ジーナ・バーチは〈ハールスデン・シネマ〉でのスリッツの初のショウ、ザ・クラッシュ、バズコックス、サブウェイ・セクトとの共演ギグを目撃した。彼女は前列に立っていた。彼女は変容させられたと感じていた。「あれは美しいカオスだった」とジーナは言う。「彼女たちはものすごく現在形で。全員で音を合わせてプレイしようとしていたのかもしれないけど、そこをいちいち気にしないくらい勇敢だった」。ジーナにとってスリッツのパワーが増幅されて伝わったのは、彼女がパーモリーヴのことをよく知っていたからだった。バンドが〝ショップリフティング(万引き)〟について叫ぶと、実際に反逆者だったパーモリーヴが彼女たちの暮らす通りのスーパーマーケットを襲う姿が、コートのポケットに空いた穴から盗んだ品物がしょっちゅうこぼれ落ち、それでも愛嬌で逃げおおせてしまう彼女の様子が、ジーナの目にはありありと見えた。ミュージシャンは生身の人間だった。だったら彼女だってミュージシャンになれるはずだ。

「あれは『自分がやりたいのはこれ』と思った、最初で最後のときだった」とジーナは言う。「あのとき唐突に自分もこの一部だと感じたというのか、自分はこれをやっていいんだと思った。あの時点までで、自分にそれをやることが許されると思ったことは絶対に、一度としてなかった。だからとても奇妙だった」。スリッツは強烈な先例を敷いてみせた。やがてスリッツのギタリストになったヴィヴ・アルヴァーティンは、当時『サウンズ』紙にこう語っている。「周りの男の子たちはみんなバンドを結成していたし、彼らには目指すヒーロー的な存在がいた。でもわたしにはそういう存在がひとりもいなかった……ただ、そこではっと気づいたわけ、別に自分にヒーローは必要ないし、とにかくギターを手にしてプレイしさえすればいいんだ、と。どうしてギターを弾きはじめたのかというよりも、むしろどうしてそれまで自分は弾いてこなかったのか、というのが大きい」

一九八〇年に、アナは自らしたためたマニフェスト的なポケット・サイズのジン『ザ・レインコーツ・ブックレット』を自主出版した——あの時代のあつかいにくくアングラな音楽メディアの手からバンドのストーリーを奪回しようという試みだった。彼女はパティ——スリッツのもたらした効果と、それがいかにレインコーツの勇気を強化したかを描写した。「彼女たちのパフォーマンスは非常に鼓舞されるものだった。なぜならテクニック面の欠如は想像力／意味を損なわないように思えたからだ」とアナは書いた。

「わたしはそれまで自分の能力あるいは自分自身にあまり自信がなかった」と彼女は続けた。「わたしたちがこのバンドを結成するほんのちょっと前に、多くの物事を発見するべく自分をプッシュし、どんなやり方でもいい（アートに限らず人生のなかで自ら起こすあらゆる行動を通じて）から自己表現するよう自らに仕向ければ自分自身とはるかによく折り合いがつき心地よくなれるということを、わたしは理解しはじめたばかりだった。自分にもっとも正直な生き方を見つけ出し、常にこちらに仕掛けられてくるゲームの数々に興じるのをできるだけ回避するのは大事だ」

スタジオ

〈ラフ・トレード〉レーベルの一九七九年版カタログのなかで、通常通りに記載されたレコードの数々に混じり、『ザ・レインコーツ』だけは読み手を魅惑するように「非常に素晴らしい、待望のレインコーツのLP」と命名されている。アルバムは一九七九年七月二日から十五日にかけてロンドンにあった簡素なベリー・ストリート・スタジオの地下室でトラック・ダウンされ、同年の十月にミックスもここでおこなわれた。ポーキーという、実名はジョージ・ペッカムなる男性が同じ月にマスタリングを担当し、その名は「A Porky Prime Cut（ポーキーのプライム・カット）」としてヴァイナルの内側のへりにタグづけされた（これと同様のマーキングは〈ラフ・トレード〉所属バンドのレコードの多くにエッチングされているし、ザ・ビートルズやレッド・ツェッペリンといったバンドもやってきた習慣だ）。テスト盤は十一月二日に仕上がった。

当時、ベリー・ストリート・スタジオはパンク―レゲエの創始者エイドリアン・シャーウッドによく利用され、スクリッティ・ポリッティ、ブルー・オーキッズ、レッド・クレイヨラらもここで作業したことがあった。「かなり暗くみすぼらしいスタジオだった」と語るのは、当時一〇代のサキソフォン奏者で、〝ブラック・アンド・ホワイト〟のセイレーンの歌を思わせるサックス・ソロを演奏すべくここに立ち寄ったローラ・ロジックだ。「でも彼女たちは自分のレコーディング作業にすっかり埋没していた。それに尽きる」。『ザ・レインコーツ』でエンジニアリングを担当したアダム・キッドロンによれば「ぼくたちには何より貴重なものがあった――時間がね」ということになる。

レインコーツはむさくるしい、実用本位な空間となじみやすかった――バンドおよび〈ラフ・トレード〉陣が常に思い描いていた、飾り気のないサウンドに奉仕するような空間だ。ベリー・ストリート・スタジオに入る以前に、レインコーツは二月二十二日にロンドンから北上し、ケンブリッジの一軒家の地下にあったスペースウォード・スタジオを目指したことがあった。オープンしたのは一九七六年、当時まだ学生だったエンジニアのマイク・ケンプが設計した16トラック録音設備を備えたこのスタジオは、たちまちパンクとの連携を勝ち取った。このスタジオで、レインコーツは一日で三曲――〝フェアリーテイル・イン・ザ・スーパーマーケット〟――〝イン・ラヴ〟、〝アドヴェンチャーズ・クロース・トゥ・ホーム〟――をレコーディングし、これらの楽曲は『ザ・レインコーツ』に収録される前に、一九七九年四月に7インチEPとしてリリースされた。ロンドンに戻ったところで、三曲はあのディープ・パープルのイアン・ギラン所有のスタジオでミックスされた。〝フェアリーテイル〟は〈ラフ・トレード〉が発表した十三枚目のシングルだった。

註【3】――〝フェアリーテイル〟はアルバム原盤には収録されなかった。一九九三年以降のすべての再発盤には同曲が追加収録されている

ラフ・トレード

〈ラフ・トレード〉は一九七六年に、サンフランシスコのシティ・ライツ・ブックス書店の協同型なカ

ウンターカルチャーのムードに霊感を受けたレコード・ショップとしてはじまった。〈ラフ・トレード〉で職を得る――共にショップで一時働いたことのあったアナとシャーリーはここで出会った――のによく使われた手段は店内に入りそのまま居座る、だった。ショップの品揃えは折衷的だった――レゲエ、ジャズ、ロカビリー、エレクトロニック・ミュージック作品も販売されていた――とはいえ、店はすぐにロンドンで起きていたパンクの解放主義的エネルギーの中心地となり、週末には革ジャン姿の顧客で店内が埋め尽くされるようになった。ペレ・ウブとディーヴォのLPを最初にイギリスに輸入したのは〈ラフ・トレード〉だった。同店はファンジンを販売し、新しいバンドの広告や〈ラフ・トレード〉のスタッフによる各種「トップ・テン」リストが自由に集まる掲示板も設置し、そうすることでアイディアの異種交配を促した。七九年に、『NME』は〈ラフ・トレード〉は小売店としての機能に「ラディカルな挑戦を仕掛けた」と述べた。ライターのイアン・ペンマンは「この店は単に音楽が売り買いされる場所として機能してはいない」と書いた。「インディペンデント音楽の『イデオロギー』と、そのイデオロギーが実体の形――ここで言えばレコード盤――をとったものの販売を生業にする一群の人々の主に経済的な考慮とを橋渡しする仲介役として機能するようになっている」

わずか数年の間に〈ラフ・トレード〉はレーベルおよび先駆者的な流通ネットワークとしても姿を現し、どちらも過去に類を見ない独立性を誇った。〈ラフ・トレード〉創設者のジェフ・トラヴィスはかつてわたしに「我々はほかの誰かの引いた青写真を踏襲していなかった」と述べたことがあったが、即座にこうわかりやすく言い直した――「まあ、我々はカール・マルクスの青写真を手本にしている、自分たちはそう思っていたけどね」。マルクス主義こそ、主流派音楽産業のからくりを完全に迂回し、自らの手に生産手段を奪回したレーベルとしての〈ラフ・トレード〉を焚きつけていたものだった。

ジェフ・トラヴィスは落ち着いた、鋭い知性を備えたおだやかな話しぶりの人物だ。ビート詩人にインスパイアされたとはいえ、彼らの書いた文章にはそれほど影響されなかった。彼の好みはブラック・マウンテン・スクール（※一九三〇年代にノース・キャロライナ州に創立された実験的なリベラルアーツ系大学。バックミンスター・フラー、ジョン・ケージ、マース・カニンガムらも教鞭をとった）、チャールズ・オルソン、ウィリアム・ブレイクだった。「わたしはシステムを作り出さなければならない、さもなくばわたしはほかの者のシステムの奴隷にされてしまう」というブレイクの残した有名な言葉があるが、トラヴィスはその言葉にしたがった。やがて、トラヴィスはザ・スミスとの契約を仕切り、アーサー・ラッセルの『ワールド・オブ・エコー』をリリースし、ザ・フォールの〝トータリー・ワイアード〟のスカスカでありながら高くそびえる無類のドラム・サウンドをプロデュースすることになった。

「わたしはかなり、群れを成さずにひとりでいるタイプの人間でね」とトラヴィスは言う。「だから、何かに実はちゃんと参加していない、という精神は好きなんだ。競争や成功に興味がなかった。わたしに湧いた霊感は、堅気な世界には加わりたくない、それだった。〈ラフ・トレード〉は何も、『よし、帝国を築こう』というものではなかった。それよりもむしろ、『さあ、毎日働きにきて実際に楽しい、そういう職場環境を見つけようじゃないか』に近かった。例のシチュエーショニストの考え方だよ、普段の日常生活のなかで起きることは本当に大事で、その人間の目指すゴールが何かよりもそちらの方が実はもっと重要である、という」

この左派志向のレーベルおよびショップは、当然のごとくトラヴィスの急進的な政治思想とフェミニストとしての意識によって形成されていた。決定の数々は集団として下され、働き手の給与は全員同額だった（一九七九年の時点で日給十五ポンド）。そしてパンクの無頓着な女性嫌悪の姿勢とは対照的に、〈ラフ・トレード〉は女性にとってより快適なスペースを提供した。内容が性差別的と判断されたレコードは〈ラフ・トレード〉では販売されなかった――ザ・レイプド、シャム69、ザ・ストラングラーズのレコードはいずれも禁じられた。「あれは本当に、それこそ一日目から〈ラフ・トレード〉というプロジェクトの一部だった」とトラヴィスは言う。「女性を含め彼女たちを疎外しない、そういう場が常にある、と。野郎連中の文化的なとりでを目指したものではなかったんだしね。わたしからすれば、大概の男性よりも大概の女性の方が興味深い存在だった」。ロンドンに移り住んだ際、アナはショップからあまり遠くないエリアに暮らしており、彼女はすみやかにショップのカウンターの売り手側での働き口におさまった。

ケンブリッジ大学で哲学を専攻していた頃に、トラヴィスはフェミニズム第二波の基盤を成す書物、ジャーメイン・グリアー（※オーストラリア人フェミニスト、作家）の『去勢された女性』や『アワ・ボディーズ、アワセルヴス』ほかも読んでいた。彼はウーマンズ・リブにとって不可欠な存在だった、一九七二年創刊の雑誌『スペア・リブ』（※神は最初の男アダムの肋骨＝リブから最初の女イヴを創造したという旧約聖書の記述にちなんだ誌名）の創始者たちとも知り合いになった。後に『スペア・リブ』は、大抵ハイプと激しい性差別とを含んでいた多数の報道のなかにおける『ザ・レインコーツ』に対する数少ないじっくり考慮された作品解釈、まだはじまったばかりだったフェミニストな音楽批評を提示してみせた。『スペア・リブ』の批評家テッサ・ハンキンソンは以下のように書いた。

このレコードをはじめて耳にしたとき、わたしは怖くてあとずさりした……二度目に聴いたときはくつろぎはじめていたし、三度目には積極的に魅了されるようになっていた……彼女たちを形容する言葉はおそらく、風変わりな、シュールな、そしてネガティヴな、になるだろう……わたしは彼女たちを硬派なフェミニスト・バンドとは呼ばないし、彼女たちも音楽家集団という以上のレッテルを求めてはいない。だが彼女たちはたしかに女性特有の問題の数々について歌っている……このレコードは間違っても万人向けではないが、この作品が四人の女性によってレコーディングされ、かつ女性性を利用していないものだという事実は正しい方向への第一歩だ。

『スペア・リブ』の重要性ゆえにトラヴィスは流通システムを批判的に考えるようになっていった――あれだけ大切な雑誌が定期刊行物を販売するどこの店でも入手できないのは「犯罪に近い」と思えた、とトラヴィスは言う。「流通業をやるのは政治的に重要だという点に我々もあれで気づかされた」と彼は続ける。「仮に我々に流通網をコントロールできるとしたら、店の棚に並び、人々の目に入るものは何かを決定するのは我々の側になるわけだし、それはとても重大な発想だった」

一九七九年に『ザ・レインコーツ』をレッド・クレイヨラのメイヨ・トンプソンと共同プロデュースしていた際に、トラヴィスはテレビ局のジャーナリストに対し同レーベルの核となる哲学のいくつかを説明してみせた――「音楽を作っている人間に対応する際に生じる問題、そこに関する音楽業界のアプローチの仕方は……この音楽ができた後で彼ら（音楽業界）は金を稼ぐことになる、という事実によって線引きされている。彼らは所有物をめぐる関係としてその問題を眺める。彼ら自身もどれだけ音楽が好きな連中であろうが――音楽だけではなく、音楽作りに関わった面々のことも好きでリスペクトしているかもしれないよ――ほぼ間違いなく常に、彼らはそれを自分たちが売らなくてはならない日用品と見ることを強いている。そして我々は、我々が仕事する相手の誰ひとりとして、我々が発売する音楽のどれひとつとして、単なる日用品と看做すことには強く反対の立場なんだ」

レインコーツマニア

七九年までにボウイは低く（LOW）落ちこんでいたし、ディランはクリスチャンに改宗し教会に、パティは引退しデトロイトに移っていた。ルー・リードは人生を謳歌していて、ザ・セックス・ピストルズは完全に終わっていた。ジョニー・ロットンは本名のジョン・ライドンに戻り、洞穴を思わせるエコーたっぷりなサウンドをもって、より実験的でダブにインスパイアされたユニット、パブリック・イメージ・リミテッドを押し進めていた。たった数年の間でピストルズは英雄、悪玉、マジシャン、そしてマンガ的キャラになっていき、耳ざわりで正真正銘無礼なポップ・ミュージックをクリエイトすることでキッズのなかにリアルな自信を植えつけた。一九七七年に発表された〝ゴッド・セイヴ・ザ・クィーン〟――「未来は存在しないしイングランドは夢にうつつを抜かしてやがる」とロットンはうなりをあげた――で彼らが英シングル・チャート二位を達成したのはもちろん、少なくともひとつのチャート、この曲の題名を検閲した「トップ・トウェンティ・チャート」を彼らが破壊してみせたのはいまだに特筆に値する。この曲がランクインしていたはずの同チャートの順位には何も記載されず、空白欄がぽっかり鎮座していた。セックス・ピストルズはロックされたドアを粉々に叩き壊した。

ライドンはレインコーツが大好きだった。彼はしょっちゅう彼女たちについて語った。彼が実際に好きであると幾度となく告白した、レアなバンドだった。〈デプトフォード・アルバニー〉という会場で一九七九年に撮影されたスリル満点なとあるライヴ映像のなかで、レインコーツの演奏中にライドンがステージのへりのそばで思う存分踊りまくり、微動だにしない観客のなかでもどかしげにバタバタ腕を振り回している姿を観ることができる。あるインタヴューで、クラッシュをえんえんとこきおろした末に——彼は同グループを「血迷って混乱した」偽善者の集団で「自分たちが何を言っているのかさっぱりわかっちゃいない」連中と看做していた——ライドンは「いったい、きみにはそもそも敬意を払う人物なり対象なりはいるのか?」と質問された。それに対して彼は「おれはレインコーツが好きだな。彼女たちはいいバンドだ」と答えた。

「ピストルズはロックンロールの息の根を止めた」と、ライドンは一九八〇年に『トラウザー・プレス』誌に語った。「最後のロックンロール・バンドがあれだった。いまやすべて終わった……ロックンロールはクソだ。つまらない。あれに合わせて踊っていたのはおじいちゃん世代。おれには興味なし……音楽は過去最低のレヴェルに達していると思う——レインコーツを除いて」

根本的にライドンは、パンクの提示したもっとも神聖な約束――これはあなたのものになり得る――をレインコーツが完全に体現・表象した点を理解していた。たとえギター弦を押さえると指が痛むとしても。たとえ弦の呼び名がなんなのかさっぱりだったとしても。たとえドラムを速く叩けなかったとしても。パンクの重要だった、そしていまなお重要な点は、レインコーツのようなバンドたち、そのときどきでは新しくまだ発されていなかった声を増幅させ自分たちの言いたいことをなんだって音楽に言わせるだけの度胸を備えたバンドを存在させることで、「あなたの声だって、ここにいていいんだよ」と示唆することにある。

何十年か過ぎたあとで、カート・コベインもこの点を理解していた。彼の奏でる痛々しい不協和音がメインストリームに浸透していくなかで、彼はパンクのもっとも大きな「顔」である看板息子がまたもや折に触れてレインコーツを称賛する時代を導いた。『ザ・レインコーツ』は、学習帳をひきちぎったページに彼がしたため、その後広く普及していった自身のオールタイム・ベスト・アルバム五十枚のリストの二十一番目に記されている。レインコーツはカートがインタヴューで頻繁に名前を持ち出した数多くの無名に近いちいさなバンドのひとつだったとはいえ、今日もなお彼のレインコーツ信奉はそのなかでもとりわけ熱烈かつ目を引くものに感じられるし、おそらくレインコーツ神話を育んだ最大の触媒でもあった。「ロックンロールの唯一の未来は女性たちであると知ることで、なぐさめられるのはいいものだ」と彼が自身のジャーナルに書き記したのは有名な話だ。

九〇年代初期に、ホールのドラマーだったパティ・シェメルはロサンジェルスでカートと同居していたが、そこでは『ザ・レインコーツ』は目立つ場所に常に飾られていたという。あの、パステル・ピンクとマスタード・イエローに彩られた、歌っている途中で口を開けたまま、ちいさな手をそろってつないだ少年少女合唱団が描かれたジャケットだ。この出どころ不明な絵は、共産主義中国のおませな子供たちによるアート作品を集めた本のなかで発見されたものだった――集団主義、協同、純真さのシンボルであるこの絵は、バンドが共同でクレヨン、文章、写真、マスキング・テープ、対話などを用いてそのイメージを拡張させたことにより、ポスト・パンクの民俗アートとしての第二の生を授かることになった。

「あのレコードはずっと表に出してあった」とシェメルは言う。「彼のターンテーブルは床の上に置いてあって、その横、向かって左側に、たぶん二十五枚くらいずつのレコードが二列、壁に立てかけてあった。新作のレコードが彼にはたくさん送りつけられてきたんだけど、このレインコーツの一枚はとりわけ古かった。あれらふたつのレコードの列のど真ん前に、あの作品は常に置いてあった――いつだって」

一九九二年にロンドンでその『ザ・レインコーツ』の一枚を探していたとき、カートは賢明にもアルバムをその起点までたどり直した――タルボット・ロードの〈ラフ・トレード〉店へと。カートはこの体験をニルヴァーナが一九九二年に発表したコンピレーション盤『インセスティサイド』に寄せたライナーノーツで詳述している。「もちろん、レインコーツのレコードはバーゲン箱のなかには見当たらなかった」と彼は書いた。一千単語の文章の半分近くを、彼はこのレコード探しの旅の描写に費やした——いかにしてジュード・クライトンという名の〈ラフ・トレード〉の店員が彼に、アナが働いていた、アナのいとこの経営するアンティーク・ショップに彼女を尋ねてみてはどうか？　と助言してくれたかを。

ジュードの記憶によれば、それは天気のいいある夏の日だった。破れたベイビー・ドール・ドレス姿のコートニー・ラヴと連れ立ってやってきたカートは、7インチ・シングルのラックを静かに物色しはじめた。「わたしたちも彼らが誰かはわかっていた」とジュードは言う。「ただ、わたしたちの経営ポリシーは常に、いくら有名なミュージシャンでも分け隔てなくほかのお客と同じく応対する、だった」。このときたまたま、〈ラフ・トレード〉はつい最近録音されたばかりのドイツ産海賊盤7インチをストックしており、ニルヴァーナのライヴのブートも二枚ほど含まれていた。カートがうち何枚かを選びレジに向かったところ、カートは彼自身の音楽に代金を支払うべきじゃない、その必要はないとコートニーが割って入った。ジュードはええもちろん、あなたがたは好きなだけ何枚でもお持ちくださって結構ですよと答えた。

「それで彼らもかなり打ち解けて」とジュードは言う。「で、かなり照れくさそうに、レインコーツの一枚目のアルバムの話題を持ち出してきた」。同LPはずいぶん長い間廃盤になっていたが、どこに行けば見つけられるかな？　とカートは思いあぐねていた。ジュード経由で、カートは彼のもとガールフレンド、ビキニ・キルのドラマーでライオット・ガールの扇動者だったトビー・ヴェイルが所有していた『ザ・レインコーツ』を聴いていたという物語が浮上した。ヴェイルによれば、ふたりは一緒に過ごしていた際によくあのアルバムに耳を傾けたという（だが彼女はあれで彼がレインコーツをはじめて知ったかどうかは定かではないとしている）。ビキニ・キルのベース奏者だったキャシー・ウィルコックスは「（カートのレインコーツ信奉が）一直線でトビーにまでさかのぼれるのは、かなりみえみえだ」と言う。

カートは次の日にロンドンを発つことになっており、時間は限られていた。ジュードは彼にアナ本人を探しにいってみたらどうかと勧め、彼女の働くアンティーク・ショップ——後のカートの描写によれば「妖精のお店で、自分が躍起になって探すようなものの数々であふれかえっていた……マジに古ぼけた、木彫りの、操り人形っぽい人形だとか」——への道順を記した地図を書いて渡した。

カートは自己紹介した。彼が誰なのかアナには見当もつかなかった。彼女は接客で忙しくて話し相手になる余裕はなかったが、それでもカートに、もしも手近であのLPが一枚見つかったらあなたに郵送しましょうと提案した。カートは「自分はださいイモだと感じながら店を出た。彼女の空間を侵犯してしまった、たぶん彼女はぼくのバンドは俗っぽいと思ったんじゃないか、そんな風に感じていた」と書いた（ニルヴァーナを聴いたことはなかった、とアナは後にわたしに語ってくれた）。だが数週間のうちに、レコードは到着した——カートが「あの素晴らしく古典的な聖典」と形容した『ザ・レインコーツ』の一枚が、サインつきで、写真、歌詞カード、アナからの手紙と共に送られてきたのだ（実は、アナ本人の手元に『ザ・レインコーツ』は一枚も残っていなかったので、彼女がカートに送ったのは〈ラフ・トレード〉ショップの共同経営者ピート・ダンが掘り起こしてきた使い古しの一枚だった）。

このジェスチャーはカートの心を揺さぶった。彼の『インセスティサイド』のライナーノーツはこう続く――「あのレコードを受け取ったのは、来る晩来る晩何千ものお客の前で演奏するよりも、ファンからロックの神と偶像視されるよりも、音楽業界のミジンコにおべっかを使われるよりも、そして去年稼いだ百万ドルよりも、ぼくを幸せにしてくれた。触れることのできない天才児になってしまって以来、自分に恵みとしてもたらされた本当に大事なわずかな物事のひとつがあれだった」

ニルヴァーナは『ザ・レインコーツ』収録の〝ザ・ヴォイド〟をカヴァーしたことがあった。それは『ザ・レインコーツ』の苦悩する心臓部に当たる曲で、アナの唱える「わたしが街路を眺めたとき／街路がわたしを見返したとき／空虚」の呪文の通り、避けようのない孤独を備えている。街でいい一日を過ごすのは心にとって良薬だが、悪い日にぶつかるとその逆になる。そしてときに街は実に悲惨なムードに陥っていて、そこに広がる街路、様々な可能性につながるはずの小道ですらなんのなぐさめも与えてくれないことがある――ジェームズ・ボールドウィンがかつて書いたように、そこには街路の「きしみを立てる、克服しようのないうなりの音」しかない。〝ザ・ヴォイド〟はそんな息の詰まるようなフィーリングを詩と謙虚さで捉えてみせる。カートがなぜあの曲をカヴァーすることにしたか、あなたは理解できる。

ニルヴァーナの〝ザ・ヴォイド〟のカヴァーが起こったのは一九九三年、彼らの所属した〈DGC〉レーベルの社員向けにおこなったリハーサル中でのことだった、と同社の元重役レイ・ファレルは述懐する。程なくしてファレルはレインコーツの全アルバムをCD再発【4】するキャンペーンを取りまとめた（『ザ・レインコーツ』、一九八一年の『オディシェイプ』、一九八四年の『ムーヴィング』の三作）。いっとき〈ラフ・トレード〉で働いた経験があり、〈SST〉所属バンド、ガムラン音楽、そしてレコード屋のバーゲン箱で見つかるお宝レコード『アルヴィン&ザ・チップマンクス・シング・ザ・ビートルズ・グレイテスト・ヒッツ』（このアルバムの未開封コピーをカートは三枚も所有していた）を通じてカートと仲よくなったファレルは、廃盤になったどのオルタナティヴ・アルバムが「古典」と看做されるにふさわしいかの判断に関して〈DGC〉社内で自由な裁量を任されていた。「カートがぼくに再発をせがんだわけじゃないけど、あのリイシューはカートがあのバンドに寄せた関心ゆえに実現した」とファレルは言う。この再発企画はあまりマスコミ報道やカレッジ・ラジオ局でのオンエアにつながらないだろうと見こまれていたが、カートにはレインコーツを支援する気持ちがあったし、レーベル側も売りこみに賭けることにした――レインコーツがニルヴァーナのツアーに帯同するとしたら、それは尚更だった。

多くの人々がカート経由でレインコーツを知ることになったのは間違いないし、これらの再発盤がきっかけとなりレインコーツは解散から十年後に再結成を果たした。一九九四年四月六日に、レインコーツは旧作リイシューのプロモーションのためにニュージャージーのラジオ局WFMUで生演奏をおこなった。セットの途中で、DJは「なんてこった！ まるでレインコーツマニアだ！」と感極まって宣言した。その翌週から、レインコーツはニルヴァーナと七日間のUKツアーをおこなう予定だった。それは実現しなかった。カートは四月五日に亡くなっていた──遺体が発見されたのは三日後のことだった。

註【4】──二〇〇九年に、バンドは『ザ・レインコーツ』を自らのレーベル〈We ThRee（＝我ら三人）〉から再発した。同作はアメリカ合衆国では〈キル・ロック・スターズ〉にライセンスされた

屋根裏部屋のカート

無名の、人がよく知らない現在および過去のバンドに自分は詳しく、彼らの音楽を（おそらく）エンジョイしてもいるという事実にしがみつき満足感を得ている、クール気取りな連中をぼくはたくさん知っている。この手のクールな連中は、自分よりも大きな魚に貼りついて、寄生させてもらっ

ている宿主のおこぼれだの煮過ぎたコーヒーにありつく小魚のように、それらのちょっとした自らの「発見」に生き甲斐を見出している。

レインコーツはアメリカではあまり知られていない――イギリスとヨーロッパでどうなのかは、ぼくにはわからない。というか実際、彼女たちが録音した音楽は自分に大きく影響し、おかげで聴くたびに自分の人生のとある時期を、すさまじく不幸せで、孤独で、退屈していた（と言っていいだろう）時期を思い起こすことを除き、ぼくはレインコーツのことはほとんど何も知らない。あの擦り傷だらけのレインコーツの一枚目をターンテーブルにのせる贅沢がなかったら、自分に心の平和が訪れる瞬間はごくわずかだったはずだ。このバンドの歴史について調べることも自分にはできただろうが、たぶんそれよりも、ぼく自身の感じ方と彼女たちの音楽の聞こえ方を描写する方が大事だと思う。

レインコーツを聴いていると、ぼくはあたかも自分は屋根裏部屋に隠れた密航者で、暗闇に潜み無断でその空間にお邪魔しているように感じる。彼女たちを聴いているというよりも、こっそり盗み聞きしている感じ。ぼくたちは同じ古い一軒家のなかにいるが、ぼくはひたすらじっとしていなくてはならない。さもないとぼくが屋根裏部屋から彼女たちの様子をうかがっているのが彼女たちに気づかれてしまうし、もしもバレたら――何もかもがおじゃんになってしまうだろう、なぜならそれは彼女たちだけのものだから。彼女たちは、自らのために自分たちの音楽をプレイしているのだ。かといって、それは仏教僧の電話通話を盗聴するとかなんとか、そこまで神聖でおかしがたいものではないし、たとえぼくが隠れて聴いていたところをレインコーツの面々が発見しても、おそらく彼女たちはお茶でもどうかとさらっとたずねることだろう。ぼくははい、いただきますと答え、彼女たちは曲の演奏を済ませ、そしてぼくは彼女たちに、いい気分にしてくれて本当にありがとうございました、とお礼をするのだ。

——カート・コベイン、『ザ・レインコーツ』再発盤ライナーノーツより

オリンピア

レインコーツの近寄りがたい神秘性をなんとかしたいという思いは、キャリー・ブラウンスタインにとって切実だった。「ホープ・ダイヤモンド（※フランス国王ほか持ち主を転々とし『呪いの宝石』としても有名なブルー・ダイヤ）を発見したようなものだった」と、スリーター・キニーのギタリストは一九九九年五月の聖なる日、彼女が遂に『ザ・レインコーツ』のアナログ盤の実物に出くわした運命的な日を語る。「あ

るいは、『なんと！　盗難されたピカソの絵をたったいま自分は見つけた、間違いない！』と感じたと言ってもいい」

その日、スリーター・キニーはツアー中でアセンズにいた。『ザ・レインコーツ』を見つけて有頂天になったあまり、ブラウンスタインは即座に友人のキャルヴィン・ジョンソン、ワシントン州オリンピアの〈Kレコーズ〉経営者に電話をかけ、「キャルヴィン！　あのレコードを見つけたよ！」と朗報を伝えた。

レインコーツの伝道者なる人物がいたとしたら、それはキャルヴィン・ジョンソンになる。彼はよくニットのカーディガンを着るパンクという感性の先駆者とされるが、それもレインコーツにまで起源をたどることができる。一九七八年に、十五歳だったジョンソン少年はオリンピアのコミュニティ・ラジオ局KAOSの番組でDJをはじめた――インディペンデント作品を優先する当時はレアなタイプの局だった。KAOSは程なくして〈ラフ・トレード〉のサンフランシスコ支部と西海岸コネクションを築き、一九八〇年のレーベル・コンピレーション『ウォナ・バイ・ア・ブリッジ』、ヤング・マーブル・ジャイアンツ、デルタ5、モー・デッツのシングル等、数々のプロモ盤が届けられた。一九八〇年までに、KAOSの面々は『ザ・レインコーツ』に深く魅了されていた――一年も経たないうちに、局が所有するアナログ盤の一枚は曲に関するメモでびっしり埋められた。ゆえに、それ以外の世界各地では比較的無名に留まっていたにも関わらず、レインコーツは非常に早い時期にオリンピアで聴き手を獲得することになった。「KAOSはアメリカで真っ先にレインコーツを称賛した連中のひとつだった」と語るのは、もとDJで〈サブ・ポップ〉の創始者ブルース・パヴィットだ。そして、ジョンソンの育んだオリンピアのシーン——九〇年代のフェミニスト・パンク運動はもちろんカート・コベインの社会意識にも多大な影響を残した——において、レインコーツのスピリットは空気を力で満たし、地盤を耕しならした。「オリンピアじゃ誰もがレインコーツを知ってた」とビキニ・キルのベーシスト、キャシー・ウィルコックスは言う。「キャルヴィンのはじめたシーンは明らかに、彼女たちのやっていたことに備わっていた姿勢と哲学とに影響されていた」

オリンピアという場所は、アンダーグラウンドなアメリカン・ミュージックの想像力に吸い上げられその一部になった、ひとつの理想というのに近い。レインコーツと同様、オリンピアもおだやかながらエキセントリックで、根本的に不完全だ。オリンピアの連中は、生成りなバンドがどうやって洗練されたアイディアと荒削りなミュージシャンシップとを組み合わせ魔法を作り出せたのだろうかと敬服した。ブラウンスタインはレインコーツ—オリンピア型の理想を「ガタガタで、だけどとても巧妙」とする。「初歩的に聞こえても、実は一種の意図的なジャズも備わっている」

「パンクが最初に形になったとき、あれはかなり『形を成さない』ものだった」とジョンソンは言う。「パンクに『聞こえる』ものは存在しなかったし、色んな類いのロック・バンドが、ロック・バンドをやるという概念を用いて様々な実験をやっていただけだった。はじめの時点から、いまの我々が必ずしも『パンク』とは看做さないようなことをやっていた、あらゆるタイプの連中がいたんだよ。レインコーツの音楽はある意味非常にシンプルとはいえ、彼女たちがあれら風変わりな要素をそこに重ねたことで質感の面でより豊かだった。あれは聴くのも、それに合わせてダンスするのも、一緒に歌うのもエキサイティングな音楽だった。そこにはぼくも影響された——ほかの世界からやってきた、けれどもキャッチーな音楽、というのはね。レインコーツは、パンクとは単に自分自身を表現することである、の発想と完璧に一致しているように思えた。その意味で、彼らこそ究極のパンク・バンドだった」

レインコーツのまじりけなしの大胆さは、オリンピアのフェミニストなパンクスに影響を残した。「レインコーツはライオット・ガールに影響したし、それは彼女たちがビキニ・キルをはじめたときのわたしたちに人間的に影響したからだ」とウィルコックスは言う。「わたしには、わたしたちがバンドをはじめた当時のオリンピアの雰囲気との連想がはたらく——自分で自分のやりたいタイプの歌をこしらえ、自分流のバンドを作り出せばいい、別に自分の周囲で起きて流行っている音楽に無理に合わせようとする必要はない、というムードがあった。レインコーツは明らかに、セックス・ピストルズ後のいかなるシーンにも自分を適合させようとしていない。あのレコードに耳を傾けると、彼女たちは彼女たち自身がひとつのシーンなんだ、という感覚を受ける」

ウィルコックスにとって、レインコーツは重ねたヴォーカルも、ア・カペラで歌う箇所も、突如消えるインスト部もすべてありの、新たなパラダイムを提供した存在だった。「彼女たちにはリラックスした自信、冷静なアプローチがあった」と彼女は言う。「彼女たちは別に誰も感心させようとしていないし、というかポップ・バンドになろうとすらしていない感じがする。プロフェッショナルである必要はない。ハーモニーを完璧に仕上げなくても構わない。テンポが速まったり遅くなってもいいし、その人間性に価値がある」

ビキニ・キルのドラマー、トビー・ヴェイルは一九八三年頃、十四歳のときにオリンピアではじめてレインコーツを聴いた――KAOS局スタッフの誰かがが、彼女のためにミックス・テープに〝イン・ラヴ〟を含めてくれたのだ。その数年後、ヴェイルはレインコーツ――とスリッツ、マリン・ガールズ――を聴きながら、自らのソロ向け素材、そしてキャルヴィン・ジョンソンと組んだバンド、ザ・ゴー・チームのための曲作りに取り組みはじめていた。彼女が自身のファンジン『ジグソー』第一号を一九八九年に出版したのは、一緒にプレイできるほかの女性を探そうという思い――「よりフェミニストな音楽シーンをはじめようとトライする」ために――もあったとはいえ、これらの過去のグループに関する情報を拡散したいという意図も含まれていた。「こうしたことは現在、まったく起きていない」と彼女は『ジグソー』第二号に書いた。続く号は、決定的に重要なパンクな女たちのリストを掲載した（ガールスクール、X―

レイ・スペックス、小野洋子も含む)。「女たちのロック史がまるごとひとつ存在するが、それはあまりアクセスしやすくないし、とりわけパンク・ロック界においてはそうだ」とヴェイルは書いた。「というわけでここに、絶対に黙殺されるべきではない物事を羅列する」

レインコーツとオリンピアが結んだ関係はめずらしいくらい共生的だった。レインコーツはオリンピアのアーティスティックな傾向に影響したが、後にレインコーツを忘却の彼方から救い出したのはオリンピアのパンク・ロック界の住人たちだった。「その錬金術がなんだったのか、わたしたちにも曖昧だった」とブラウンスタインは言う。「ただ、オリンピアのシーンは彼女たちなしには存在しなかっただろう、それだけはわたしたちにもわかっていた」

ブラウンスタインは、彼女をミュージシャンに変えたオリンピア・シーンの先例を敷いたのが七〇年代のUKバンド群であったことを見て取っていた。「でもわたしは、彼らのことをほとんど何も知らなかった」と彼女は言う。「特にレインコーツがそうだった。この神秘的な資質、そして暗黙の了解があったというのかな——『自分たちのやっていることを活気づけてくれたのはこれらのバンドだ』と。わたしたちは彼らのことを実際に知らなかったんだけどね」

一九八三年に、ジョンソンは遂にレインコーツをもっと知るべく努力することにした。彼は『OPマガジン』向けに彼女たちに電話取材を敢行したのだ。「あれは自分にとってデカい日だった」と彼は言う。

会話のトピックはバンドの朝食メニューの選択にまつわるイデオロギー面での含み、金銭、彼女たちはペットを飼っている／いないかにまでわたった。ジョンソンは『ＯＰ』向けに『ザ・レインコーツ』のアルバム評も書いた――「これは、あちこちに転がっていく、ふぞろいな、騒々しい一枚のレコードだ……彼女たち四人が美しくも無秩序でジャングリーなサウンドの上にシャウトをかぶせているだけだし、あなたの好きなヴァイオリンも含め、どの楽器も正しいことをやっている。音楽はこちらに向かって迫り続けてくるしそれが実に気持ちいい。ポップな歌を収録したポップなレコードは、ぼくはいくらでも聴ける」

というわけで、レインコーツの女たちは謎のままだった。「ああいうオリンピアの連中はみんな、ロンドンから帰ってきては『レインコーツだよね！』って調子だった。で、わたしたちは――え、誰のこと？みたいな」とブラウンスタインは言う。しばし言葉が途切れ、彼女は続ける――「それでわたしたちは大至急、それがなんなのか突き止めようとしたわけ」

2　Two

アナ

　アナ・ダ・シルヴァはポルトガルのマディラ島、本土に行くには船旅で二日間もかかる遠い離島で生まれた。一九五〇年代および六〇年代の抑圧的なサラザール政権統治下のポルトガルで、音楽はフランスと結びついていた――フランソワーズ・アルディ、ジャック・デュトロン、アントワンらの歌声がラジオから流れていた。ポルトガルそのものにはファドの肉感的なドラマ性以上に音楽はほとんど存在しなかった。コンサートが開催されるのはジャズ・フェスティヴァルの形でだけ。隔離された島で暮らす若い女性がロックンロールに救済されるには、輸入盤45（シングル）のちいさな奇跡の数々が必須だった。香港に暮らしていて一九五八年に母国に戻ったいとこたちの持ち帰ったエルヴィスとエヴァリー・ブラザーズのシングル盤のおかげで、アナは自らの道を見出した。彼女はビートルズ・フィーヴァーの熱狂的な貢献者になった。

アナ・ダ・シルヴァ、一九七八年（撮影：シャーリー・オラフリン）

アナは一〇代の頃、英語学習のためイギリスの海辺の街ボーンマスに一ヶ月滞在したことがあった。その最初の晩、ひとめでもいいから彼らをおがめないかと、アナはビートルズが完売公演をおこなったシアターの前に立ちつくしていた。彼女は『ア・ハード・デイズ・ナイト』を三回観に行った。チェルシー・ブーツと黒いポロネックのセーターと共に、彼女はポルトガルに帰国した。

アナにとってのポルトガルは、妄想に近いほど古代の文物に病的に執着した同国のファシスト政権ゆえに、文化、社会、政治的に不気味な存在だった。サラザール（※アントニオ・デ・オリヴェイラ・サラザール／一八八九―一九七〇。元ポルトガル首相）は女性が従属する側にある均質な国家、五十年近くにわたった「エスタド・ノヴォ（Estado Novo）」（※保守権威主義的な政権で欧州最長の独裁体制とされた）を育て、そこではカトリック教会と国が緊密に結びついていた。メディアおよび芸術のあらゆる側面に検閲が及んだ。一九七四年までポルトガルはアンゴラとモザンビークでアフリカ植民地戦争を展開していた。同国は秘密警察の存在に苦しめられていた。異議の声をあげることは、刑務所送りになりそこで拷問を受ける、非常にリアルな危険性との火遊びを意味していた。

パウロ・カスチーリョという名のアナのいとこのひとりは革命活動に活発に参与した人物で、ポルトガルの外交官になった。カスチーリョは「サラザリスモ（Salazarismo）」はあまりに徹底的な保守主義であり、ゆえに国民の意気を鈍らせ、その貧しい後進的国の感情を利用したとする――「意固地なまでに伝統的な価値観を支持し」、かつ「なんであれ新たなものには極めて懐疑的な」右翼独裁政権だった、と。同政権は過激な声に反対した。「サラザールは国の強みではなく、国の弱さを軸に彼の政治システムを構築した」とカスチーリョは言う。「それは生きていくのには非常にインスピレーションに乏しい場所だった。この気風を見事に言い表したポルトガル語の表現が『ブランドス・コスチュームス（brandos costumes）』で、文字通り『柔和な慣習』を意味する。多くの人々はいまだにそれをポルトガル人の特徴のひとつを反映したものと考えている」

「わたしはマデイラに、このとてもちいさな場所にいたし、わたしの視界も狭かった」とアナは思いをめぐらせる。「いまでは自由の欠如と映るものの多くも、当時はそれが正常と思われていた。それまでわたしはずっとあの統治下で生きてきた――それ以外に選択肢があるのを知らなかった。わたしたちの全人生を通じて、確実にヘヴィな重しが課せられていた」

あらゆる類いのアングロ・サクソン文化に魅了されていた彼女の、脱走の欲望に火をつけたのはアートだった。彼女は『ヒット・パレード』を放送するラジオにじっと耳を傾け、メモをとっていった。「実は言葉をぜんぶ理解していなかった。あとになって、書きつけたあれらのメモがどれだけちょっと妙に映るかに気がついた」と彼女は言う。「それでもわたしにとって、あれはなんらかの自由だった」。自国の国境の向こうで爆発していた六〇年代の若者カウンターカルチャーをアナはぼんやりとしか認識していなかった。「自分もあれの一部になれたらどんなに素晴らしいだろうと思った」と彼女は言う。「わたしはあれを一種のあこがれの夢の世界として眺めていた」

彼女が成長するにしたがい、ポルトガルの保守主義に備わった不公平が次々に露呈していった。一九六七年の夏、十九歳だったアナは少し前に解放されたばかりだった。彼女と彼女の姉妹はドイツ語を学ぶため数ヶ月間ドイツに滞在することになっていた。両親との車旅は、目を開かされる経験をもたらした。アナの家族の乗った車が国境に到着したとき、彼女は五十五歳に近かった彼女の母親が単独で国外に出ることを禁じられる可能性があったのに気がついた。ポルトガルから出国するために、アナの母親は国境警察に対し書類を二通、ひとつは雇用主から、もうひとつは夫からの許可証を提出する必要があった。この発見はアナにはショックだった。彼女は性差別とはどういうことかに目覚めはじめた。

サラザリスモにおいて女性に対する組織的な抑圧は憲法で定められており、法のもとでは誰もが平等だが「女性は除く。その差は彼女たちの本質に由来するものであり、かつ家族の幸せのためである」とされた【1】。家族規定は「その家庭の唯一の主」を夫とし、子供たちおよび妻を全面的に支配する立場に置いた。刑法によれば、「不貞をはたらいた妻を殺害した夫に対する判決は、彼の暮らす地域から三ヶ月間離れる程度でよい（刑務所への収監は適用されず）」だった。一九六九年まで、ポルトガルの既婚女性は個人としてパスポートを取得する権利を認められなかった。アナは彼女の母親をフェミニストと呼ぶが、当時女性による組織の発足は禁じられており、国際規模の女性運動という意味で、ポルトガルの女たちは蚊帳の外に置かれたままだった。「何かをやりはじめると、刑務所が待っていた」と彼女は言う。

註【1】――『季刊国際女性研究（Women's Studies International Quarterly）』調べ、一九八一年

アナが一九六九年にリスボン大学に入学した頃――彼女は英語とドイツ哲学を専攻し、いまのように「ディラン学」が定着する前にボブ・ディランに関する大学論文を書いた――に、統治の鎖はぐらつきはじめていた。不穏な雰囲気があまねく広がり、変化の噂をささやく声と肌に感じられる疑念とが入り混じっていた。自分が講義を受けている教授がスパイかもしれないとの疑惑は決して拭えなかった。全学生は一ヶ月間のストライキに入り、アナは短期のロンドン旅行に出かけることにした。「ダブル・デッカーのバスの二階に座っていたら、イヤリングを一個つけて、眉毛をちょっと抜いて整えた、白Tシャツ姿の男性を見かけてね」と彼女は言う。「そこで思った、『うわっ、これがポルトガルだったら人々は彼を指差して失礼なことを言い、たぶん彼をボコボコにしているだろうな』と。でも、誰も彼を邪魔しなかった。あれはすごい発見だった。人は実際にその人のなりたい存在になれるんだ、という」

大学在学時の最後の年、アナは一九七四年の無血軍事クーデター、カーネーション革命をじかに目撃した。大学側は学生が三団体以上のグループで集まるのを禁止する規則を定めていたため、芽生えつつあった学生運動勢のミーティング——共産主義および毛沢東思想に影響されていた——は学食でひそやかに連合することになった。監視されているのではないかとの恐怖感はどこにでもつきまとった。アナは動向を観察していた。ある日、学生組織側と大学警備員の間で大きな乱闘が発生し、事態は彼女にとって危険な局面を迎えた。金属製の椅子が引っくり返され、大理石でできた空間を不協和音の騒音が満たし、誰もが突進していた。「自分はその場に取り残された最後のひとりだと気づいた」とアナは言う。「それで、窓から飛び降りて脱出した。家に帰って髪型を少し変えようとした——そうすれば人々に正体を見破られないんじゃないかと思って」。彼女の同学年生の多くは刑務所行きになった。なかには拷問を受けた者もいた。緊張に満ちた保守的な社会情勢を背景に、彼女は自分のベッドルームにこもりディランとジョーン・バエズの楽曲集に合わせてギターの弾き方を学んでいった。彼女は夢見る人になった。

アナが生き抜いた革命はまれに見るロマンティックなものだった——ラジオを通じて伝わってきた左翼の軍事クーデターだった（革命のはじまりはパウロ・デ・カルヴァーリョの歌うバラード〝E Deposis do Adeus (and after the farewell／そしてさよならのあとで)〟の放送で告げられた)。戦車が市内を占拠していき、兵士たちは赤いカーネーションを自分たちの持つ銃の銃口に挿した。「あれは、それまで片方の足を少しだけ外に出すのが許されていた状況から、門が一気に開け放たれた感じだった」とアナは言う。

それでも、動乱の残滓が落ち着きつつあるなか、アナは母国を去った。彼女は一九七四年十二月十三日にロンドンに移ったが、永住するつもりはなかった。「未知の体験をくぐり抜けていくことに興奮していた」と彼女は言う。「ロンドンで、とても自由を感じたし、自由に感じることに興奮していて、でもそれと同時に、わたしは自由になるためのやり方を学んでもいた。しばらく時間がかかる。ポルトガルの抑圧的なファシスト政権の鎖に囲まれて生活してきた人間は、一九七四年四月二十五日に革命が起きたところでやっと、自分がどれだけ自由な身であるかに気づくものだから」

「もしかしたらわたしはあの時期に感じた苦悩をいくらか、わたしたちの作品に持ちこんだのかもしれない」とアナは言う。「そして、自分を取り囲んでいた壁を叩き壊そうという意思も」

ジーナ

子供時代のジーナ・バーチは、熱狂的にロックしたものだった――前へ後ろへ、前へ後ろへ、規則正しい内面のリズムにのって彼女は揺れて（ロックして）いた。産まれたときの彼女は、輸血を三回受けて生

ジーナ・バーチ、一九七九年（撮影：シャーリー・オラフリン）

き残った最初のイギリスの赤ちゃんだった。身を揺らすこと、そして音楽は、彼女の救済の一部になった。「ほとんど瞑想するのに近かった」と彼女は言う。「わたしはいまだにちょっとロックするし」

ジーナはイギリス中部、ミッドランズの都市ノッティンガム出身だ。彼女は低中流階級家庭で育ち、音楽的な基盤はシンプルで陽気なサウンドの組み合わせだった——ビートルズ、ザ・ロネッツ、『サウンド・オブ・ミュージック』、ハーマンズ・ハーミッツら清潔青少年なボーイ・バンドの数々、そしてカトリック・スクールで教えられた賛美歌。「母親はわたしにダンスをやらせようとかなり熱心だった」と彼女は言う。「家に『白鳥の湖』のレコードがあったから、わたしは本当に下手くそに居間を踊り回ったものだった。自分にバレエ・ダンサーは無理だったし、それよりキリンみたかった。というかガゼルかな……」

彼女は兄からおさがりのレコードをもらった。ボブ・ディラン、メラニー、ボブ・マーリーの『キャッチ・ア・ファイア』。「壁越しに兄のレコードを聴いたものだった」と彼女は言う。「たまになんとか一枚貸してもらうことができた」

十二歳のとき、ジーナの家族は短期間、カントリーサイドにあるサーガートンという村に移り住んだ。目覚めつつあった一〇代の反逆児にとってはあまりやることのない土地だったが、ここで彼女はレゲエとスカを発見した。地元のキッズの何人かはよく「グレンヴィルズ・ガレージ」——メソジスト派の牧師宅のガレージでドアが野原に続いていた——に自転車に乗って向かい、集まって煙草を吸い、笑みを浮かべずにいられないジ・アップセッターズの古典『リターン・オブ・ジャンゴ』をはじめとするレコードに合わせて踊ったものだった。「スカなら、サウンドを聞き分けはじめられるようになる」とジーナは言う。潜在意識的にだったかもしれないが、彼女は音楽の背骨に当たるもの、ベースを感じはじめるようになっていた——後に『ザ・レインコーツ』で彼女がメロディックなリード楽器のように弾くことになる楽器だ。

一家がノッティンガムに戻ると、彼女は街の広場にいたヒッピー連中と一緒にあらゆる類いの悪さやサイケデリアを探し求めるようになった。家庭は安定をもたらす場ではなく、彼女は脱出したがっていた。アート・カレッジに自然に魅力を感じたジーナは友人とふたりでイギリス各地をヒッチハイクして回り様々な学校をチェックしていたが、ロンドンに到着した際に運よく何かに出くわす才能が発揮され、彼女はまったく知らなかったあるバンドのデビュー・ギグに立ち会うことになった——セックス・ピストルズだった。

七〇年代末期に、アートは急進的な推移期を経ていた。バーチはパフォーマンス・アート、ランド・アート、コンセプチュアル・アートに夢中になり、図書館で書物を眺め何時間も過ごした。「あのすべてが驚異的に精神を拡張してくれる、エキサイティングなものに思えた」と彼女は言う。「何やら奇妙な服装に身をやつして、その格好で地面に穴を掘ればひとつのパフォーマンスになるっていう、その点が気に入った。もちろんあのシーンは圧倒的に男性が占めていたし、いったいその全体図のどこに自分がフィットするのか見当もつかなかったけど、あの当時、そこに憤慨する気は正直湧かなかった。とにかく試験に合格できるだけの作品を作ろうとしていた。前進しているという感覚は自分にほとんどなくて、何もかもはいま現在について、という感じだった」

とりわけ彼女が感動したのは、アイルランド人のコンセプチュアル・アーティスト、マイケル・クレイグ=マーティンの『一本の樫の樹（An Oak Tree)』という一九七三年の作品だった。これはギャラリーの壁に据えつけられたガラス製の棚に水の入った一杯のコップが置かれたものだった。しかし作品に添えられたテキストはその液体は実は樹であるとの論を展開し、クレイグ=マーティンはこう主張する——「樫の樹は実体として存在しているが、ただしそれはコップ一杯の水の形をとっている」（「わあ、かっこいい！　まいったたな！　うん、自分にもなんだかピンとくる！」とジーナは感じた）。彼女はまた、ヴェルヴェット・アンダーグラウンド以前にルー・リードとジョン・ケイルのやっていたふたつほどのバンドでプレイしたことのあった、ランド・アートの先駆者ウォルター・デ・マリアの名前もあげる。パンクの爆発にともない、ニューヨークを拠点としていたデ・マリアは一九七七年に『ザ・ニューヨーク・アース・ルーム（The New York Earth Room)』、三千六百フィート四方のロフト空間の隅々まで土塊で埋めたインスタレーションを設置した。それは「室内におけるアース彫刻」——奇妙に荘厳、かつ清々しいほどシンプルな作品だ。

ジーナは一九七六年九月にホーンジー・カレッジ・オブ・アート入学のためロンドンに移り、当初はとあるパーティで出会った連中の家に居候した（彼らは頭のいいドラッグ売人だったのが明らかになった——こっそり清掃業者を装い、掃除機に隠した薬物をタクシーで顧客に届けていた）。「父親が車であの家まで送ってくれて、ドアベルを押した」とジーナは言う。「家の外に座って待ち、ようやく彼らが呼び鈴に応じて出てきたのは一時間近くあと。あそこで暮らすのはちょっとややこしかった」。その上、ロンドンは陰鬱だった。「本当に荒れ果てていた」とバーチは言う。「たくさんの建物が空き家だった。散策しながら『こりゃ救いようのない場所だな……』と思ったのを憶えてる」。数週間後、アート学生仲間のつてを頼ってモンマス・ロードにあったスクウォットに引っ越したジーナは——突然、セックス・ピストルズ、クラッシュ、そして何より重要なことにスリッツとコネのあったパンク・シーンに出会うことになった。

ジーナが生まれてはじめて、一九七七年に書いた曲が〝ノー・ワンズ・リトル・ガール〟だった。彼女はこの曲をレインコーツのデビュー・ギグで演奏したものの、八〇年代になるまでリリースされなかった。歌詞のなかで、ジーナは自らの過去を離れ、家系図から自身を切り離し、個人の女性として未知なる進路を作り出していく。「わたしの両親の場合、この、何もかも安全じゃなくちゃならないって感覚を受けてね」とジーナは言う。「ある意味わたしの反抗の対象がそれだった。自分は子供時代と縁を切りつつある、子供扱いされること、誰かのガールフレンドであること、嫁いで親から夫に渡される娘であることから縁を切ろうとしている、そう感じていた。わたしたちの文化がえんえん続けてきたああした事柄に対して抱いていた不満、そして自分はもうこれ以上それに参加するつもりはないという拒絶の念を表現したかった」

「安全ではない、冒険だらけの人生が別に存在することを、自分も気づきはじめていた」とジーナは言う。「安全は求めていなかった。おもしろいことに――誰かから本当に安全に守ってもらうと、逆にそれはどこかへ飛び立つためのプラットフォームになる。わたしはものすごく安全な場所からやってきたし、おかげでどういうわけか自分自身のなかに安全さが備わっていた。だから危険をおかせた。もしかしたらたまに、ちょっとクレイジー過ぎることもあったかもしれないけど、自分はどうにかなる、大丈夫だとわかっていた。人によってはきっと、わたしよりも安全にこなしたことだろうと思う。ただ、わたしは自分自身の冒険を味わうんだと心に決めていた。リスクの数々は手に負えない、そういう感覚は自分にはなかった」

反逆者として人生を生きること――ビートニク流の、「後ろは振り返るな」姿勢の受け入れ――は、典型的に男性にとっての追求課題だ。ボヘミアンな女性放浪者はアートの世界ではいまだ不十分にしか代弁されない存在とはいえ、レインコーツの作品と彼女たちの生き方はその姿を熱意でもって描き出す。それはわたしにシンディ・シャーマンの一九七九年の写真作品『無題の映画スチル#48（Untitled Film Still #48）』のことを考えさせる。ひとりぼっちの若い女性が前に伸びるうねった道を見やるそのイメージを通じて、同作はあらゆる可能性の組み合わせと危険とに息を吹きこみリアルなものにする。〝ノー・ワンズ・リトル・ガール〟もそれと同様の、冒険に乗り出しつつあるひとりの女性の物語だ。そしてしばしば、この世界は女たちが冒険を体験するのを望まないように思える。バーチの歌い語るようなコーラス部――「ためしにトライして！　あなたにはきっとやれる、あなたがそうしたいのなら、ためしにやってみて！」――は聴き手に光を見て欲しいと哀願する。あの曲を一度耳にすれば、あなたに光は見えている。

『ザ・レインコーツ・ブックレット』からの抜粋

さーて、うむむむむ……、一九七七年に、バンドを組みたいとそれぞれが何ヶ月か考えてきた末にジーナ・バーチとわたしは集まり、一曲共作してみることにした。その曲が〝ライフ・オン・ザ・ライン〟だった。その段階ではわたしたちは実はまだ実際にバンドになるだろうと思ってはいなくて、それはニックとわたしは別のグループに加入する予定になっていたからだった。だが、それでも全員がお互いとの作業を気に入ったし、しかも自分たちの書いた曲はちゃんとどこかに向かっていて、ドラムス、ベース、ヴォーカル、ギター二本に歌詞までついた（!!!!!!!!……）歌をまるまるひとつ書くことのできた自分たちの能力にはびっくりさせられた。そんなわけでわたしたちは取り組み続けることにした。その熱狂的な瞬間から二ヶ月後にわたしたちは最初のギグをやることにした……非常に経験不足で、わたしたちは具合が悪くなった……自分たちの出番になり、それがどういう意味を持つ行為なのか当時はよくわかっていなかったサウンドチェックというのをやるべくステージにあがったとき、わたしはいますぐ足下に穴が開いて自分を飲みこんでくれたらいいのにと思った。「これは自分の人生最大の愚行だ！」と自らに言い聞かせていた……オーディエンスの誰もが、わたしたちメンバーの友人／知り合いの類いだった。というわけで、彼らはみんなわたしたちにはポテンシャルがあると言ってくれた（……）。というわけで、わたしたちもギグのあとにずっとマシな気分になれたのだった……

――アナ・ダ・シルヴァ、一九八〇年

アナとジーナは一九七七年にホーンジー・カレッジ・オブ・アートで出会った。ジーナがコンセプチュアル・アートに惹かれていた一方で、アナはモノプリント版画にうちこみ、DIY勢の劣化したゼロックス・コピー美学を想起させるミニマル主義なドローイングのスタイルを発展させていった（それはいまもレインコーツ関連のアートワークのほとんどで見ることができる）。その年のはじめ、とある晩パブにいたとき、アナとジーナはふっと地味に、バンドをはじめようかと思いついた。かなりの期間、それはアイディアに過ぎない状態に留まっていた。第一段階の編成でバンド写真を一枚撮影したものの、レインコーツは十月までアイドリングしていた。

レインコーツの第一回目のショウは一九七七年十一月九日にコミュニティ・アーツ・センター〈タバーナクル〉で開催されたライヴで、タイモン・ドッグというヒッピーなシンガー・ソングライターの前座としての出演だった。ラインナップを固めたのはオーストラリア人ギタリストのロス・クライトンと一〇代のドラマーのニック・ターナー。ニックはアナがラフ・トレード店で出会った少年で、両者はパティ、ヴェルヴェッツ、リチャード・ヘルらニューヨーク勢びいきが共通点で意気投合した仲だった（「ぼくはバンドをハートブレイカーズっぽい音にしようとし続けたし、それで彼女たちから追い出された」と彼は『サウンズ』紙に語った)。開幕となったこのギグで、彼らはオリジナル楽曲〝インストゥルメンタル・イン・E〟と〝ヘイ・ヘイ・ウィーア・ザ・レインコーツ〟(※モンキーズの曲タイトルのもじり)を演奏し、後者の歌詞は「ベースのジーナがいる/凄腕ギターのアナもいる」といった一節を含んでいた。彼らはパンクの「楽しくない(ノー・ファン)」の意図をルー・リードの〝リアル・グッド・タイム・トゥギャザー〟のカヴァーで逆転させた——この曲の表面的な陽気さとその下に流れるダークさ、キーキーきしむノイズ・コラージュと単純ながら真理を突いたメッセージからして多くを物語る選曲だ(また別の初期のギグで、レインコーツはボブ・ディランのレア曲〝トゥモロー・イズ・ア・ロング・タイム〟——彼の楽曲のなかでももっとも甘くシンプルなひとつ——をカヴァーすることで、古典に対してパンクの抱いた見当違いな敵意を公然と無視したこともあった)。終演後、ジーナ宅でパーティが続いた。「わたしたち、ものすごく陽気になって浮かれた」と彼女は言う。「あまりに嬉しくて、わたしは窓からボトルを放り投げたくらいで、そしたら近所の住人の車に当たっちゃって」

ロスはすぐにバンドを辞めた。レインコーツのメンバーは次々に変遷していった——スリッツに一時参加し後にモー・デッツに加入したケイト・コーリス、ザ・101'ers(ワンオーワナーズ)のドラマーで後にパブリック・イメージに入ったリチャード・デュダンスキー、ジェレミー・フランクという名のアメリカ人建築学生らがそのなかに含まれていた。

レインコーツはかつても現在もアート学校系ポスト・パンクとつながっているとはいえ、彼女たちの結成は七七年、ブリティッシュ・パンクの安全ピンにチェーン、覚醒剤にツバ吐きの「我々は何もかも嫌悪する」な時代と直結していた——彼女たちはそこに活気づけられたものの、追従はしなかった。ジーナの使う針はドラッグ向けのそれではなくニットの編み棒だったし、彼女を心地よくする一打は〝イン・ラヴ〟だった。「編み物をするパンクには一度も出くわしたことがない」と彼女はわたしに語ってくれたことがあった。「編み物好きなパンクの原型はわたし」【2】

註【2】——一種の前例として、一九七〇年に『トップ・オブ・ザ・ポップス』に出演し〝インスタント・カーマ!〟を演奏した際、ジョン・レノンの隣で小野洋子が編み物をしていたというのがある

コンサートの前に、わたしたちはあなたたちを入り待ちしていて、かなり強面なパンク・ガールズ四人がやってくるんだろうと思っていた。音楽紙等々を読んで思い描いていた、あなたたちに対するイメージがそれだった。ところが実際にあなたたちが現れて、ジーナがバッグから編みかけのニットを取り出したのにはびっくりさせられた! あれこそ本物の信頼できるストリート性だよ!

――マンチェスターのレインコーツ・ファンから送られた葉書、一九七九年

事実上レインコーツにリーダーはいなかったが、ジーナはアナ――彼女より七歳年上――を「お母さんニワトリ」と呼ぶ。アナはジーナに曲を書くよう鼓舞した（シンガーが複数いるグループにしたいという彼女の欲求は、部分的に彼女のビートルズ愛にインスパイアされたものだった）。レインコーツがスタジオ入りしたときにアナは三十歳、二十歳のジョニー・ロットンが誰もに「お前らは歳を食い過ぎだ」と言い放ったあとで、年齢ゆえに彼女はほかと一線を画すことになった。ストイックで詩的な人物であるアナは『ザ・レインコーツ』に不協和音な質感、同作のポスト・ヴェルヴェッツなトーンに不可欠な要素を加えた。

二十二歳だったジーナは、ユーモア、陽気な遊び心、そして軽やかさを吹きこんだ。彼女はセコハンのベースを購入し、輝くような明るいブルーで塗った。バンド内のジョーク担当である彼女は、ときに生じる頑固なぶつかり合いの場面をほぐすのにいまなお熱心だ。彼女の歌心あふれるベース・ラインにはスカのアップビートのエネルギーからの影響が感じられる。『ザ・レインコーツ』に重要なキャッチーさを注入したのはジーナとヴァイオリン奏者のヴィッキー・アスピノールだった（八〇年代半ばに、両者はその未精製の砂糖を思わせる甘さを威勢のいいダンス・ポップのデュオ：ドロシーとして更に磨くことになっ

た)。「アナの苦いコーヒーにわたしたちはほのかな甘みを編みこもうとした」とジーナは言う。「ひたすら苦いだけじゃ、間違いになっていたはず。ただ甘ったるいだけでも、やはり間違い。深みはちゃんとあるけど、それと同時にもう少しやさしいレヴェルでアピールするものもあるっていう」

ジェフ・トラヴィスもこの点を繰り返した。「ジーナの方は声にもうちょっとメロディが備わっているし、アナの声は音楽性にはやや欠けるんだけれども、ただしあの声は聴き手の心をぐっとつかむもので、彼女が言わんとしていることに耳を傾けたくなる。それは会話調であって、名人が歌いあげるようなものではない。我々が教わってきた音楽に関して敬うべきもののすべて、その逆をいっている。ところがあれは機能するんだよ、というのも人間的なレヴェルでこちらに語りかけてくるから。自分たちの知り合いみたいに感じる——ひとりの人間のようにね」

七八年後半までに、レインコーツの創始メンバーで残っていたのはアナとジーナだけになっていた。しかしシャーリー・オラフリンははじまりの段階から熱心にずっとつき添ってきた。彼女は五人目のレインコート、マネージャーだが、より正確に言えばバンドのコラボレーターだ——レインコーツは常に五人組として様々な決断を下してきた。シャーリーはレインコーツを取りまとめてきたが、バンドと共にスタジオにも入り、音楽に耳を傾け意見を分かち合った。女性集団としてのレインコーツの足を引っ張るように思えることもあった音楽カルチャーのなかで、彼女の存在は心強いものだった。「政治的に、自分も本当

シャーリー・オラフリン、一九七九年（撮影：アナ・ダ・シルヴァ）

にバンドの一部だと感じていた」と彼女は言う。「色んな場所に行くと、そこで人々は『見ろ、レインコーツだ！』と言う。わたしもそこに含まれている」

シャーリーが〈ラフ・トレード〉店にたどり着いたとき、彼女はパティ・スミスのポートレート写真を売りこみに来た駆け出しの写真家だった。その場の誰かからカウンターの奥のアナを探すようにと言われ、出会った彼女たちは「あっという間に意気投合」し、その関係は今日にいたるまで変わっていない。シャーリーが本格的に〈ラフ・トレード〉で働きはじめたのは七八年十月、〈ラフ・トレード〉の共同オーナーだったスティーヴ・モンゴメリーが道ばたに立っていた彼女の脇に車を停め、きみは運転はできるかい？　とたずねたときだった。〈ラフ・トレード〉でのシャーリーは、インディ級のツアー契約業の草分けだった。彼女は同レーベルにとって初の公式なブッキング登録名簿をまとめ、二十二組のグループがそろった――アズテック・カメラ、ブルー・オーキッズ、キャバレー・ヴォルテール、クリス・アンド・コージー、デルタ5、エッセンシャル・ロジック、フォール、ザ・ゴー・ビトウィーンズ、ジェイムズ・ブラッド・ウルマー、ジョゼフK、クリネックス（後にリリパットに改名）、オレンジ・ジュース、ペレ・ウブ、ザ・ポップ・グループ、レインコーツ、レッド・クレイヨラ、スクリッティ・ポリッティ、スリッツ、ディス・ヒート、テレヴィジョン・パーソナリティーズ、ヴァージン・プルーンズ、ヤング・

マーブル・ジャイアンツらだった。

自身もアート・スクールに通ったシャーリーは、レインコーツのダダ調な、ハサミで切り取ったようなヴィジュアル面での美学に貢献した——彼女が名前をあげるのはドイツ人コラージュ芸術家のクルト・シュヴィッタースで、廃品をアートに作り替えた彼は、かつて「わたしは画家、自分の絵画を釘で打ちつけ合体させる画家だ」と宣言したことがあった。彼女はレインコーツの作品に具体性をもたらした。シャーリーはレインコーツの写真を山ほど撮影し、自宅のバスルームの暗室で現像していった。シャーリーの撮影したレインコーツのポートレート写真群で、グループがカメラにまっすぐ視線を向けたものはめったにない。はっきりそうわかるくらい、ポーズをとっていない自然体で撮られた写真だ。

「そのタイミングだった……本腰を入れ、自分たちが強く共感できる人々を見つけなければならなかった」とアナは『ザ・レインコーツ・ブックレット』に記した。「わたしたちのアイディアと目的は近いものであるべきだった……一緒にいて楽でいられる人々を求めていた。一体感なしにはいい仕事はできない、そこは自分たちもわかっていた」。脱退しつつあったドラマーのリチャード・デュダンスキーは、レインコーツの夢物語のひとつのような代役を提案した——彼の妻の姉パーモリーヴ、少し前にスリッツから追い出された彼女のことだった。スリッツを発明したのはパーモリーヴであり、続いてそのスリッツがレインコーツに霊感をもたらした。そしていまや、そんな彼女がレインコーツを完成させつつあった。

パーモリーヴ、一九七九年

レインコーツ、一九七九年（撮影：シャーリー・オラフリン）

パーモリーヴ

パーモリーヴは本名パロマ・ロメロ、一九五四年に、スペインのアンダルシアの中流家庭の九子の八番目として産まれた。フランコのファシスト政権下において、ポルトガルと同様、検閲はトップダウンの形で思想を取り締ったが、彼女の兄弟姉妹の間では哲学的な対話が続いていた――「**人生の目的とはなんなのか？**」の問いが家の台所で交わされた。若い頃からパロマは好奇心の強い子だったし、本人に言わせれば「わたしはノーマルじゃなかった。常に限界を押し広げようと無茶をやっていた」になる。

彼女の好奇心はしばしば、通りで見かける、モロッコに向かう途中の長髪のヒッピー族に掻き立てられた。彼女の父親――ムイ・マチスタ（muy machista）、すなわちかなり人好きのいい人――はたまに彼らのような旅人を拾い、夕飯を共にしようと自宅に連れてきた。「バックパックひとつを担いで家を出て、そうして世界中を見て回れるんだって発想にうっとりさせられたものだった」と彼女は思い返す。「あれは衝撃的だった」

パーモリーヴは時刻を守るのが苦手な女の子で、ドラムのリズム・キープをしくじるせいでスリッツが彼女をバンドから追い出す以前ですらそうだった。「とにかく時間を守るのが全然得意じゃなくて」と彼女は思い返し、またこのせいでティーンエイジャーだった頃の彼女はある晩、印象に残るほど激しく父親と衝突したことがあった。彼女の帰宅は遅かった――兄弟たちの帰りが遅くてもまったく問題ではなかったし、その不平等な二重基準を彼女は忌み嫌った。「父はまずわたしに手をあげなかったけれど、あの日だけは、ただわたしに平手打ちを食わせた」と彼女は言う。「彼を『あなたの脅しなんてちっとも怖くない』と言わんばかりにねめつけたのを憶えている」【3】

彼女の内側に反発のエネルギーが育っていった。父親は彼女の母親をよそに浮気しており、また子供時代に一時期、パロマは家族の一員から虐待を受けたこともあった。「彼は一〇代の、自分をかなり見失った、自身のセクシャリティで実験していた子供だった」と彼女は言う。「あれでわたしの無垢さは損なわれた」。パーモリーヴは当時のスペインの極度な保守主義を指し示す――「あの社会は実に多くの意味で、本当にめちゃくちゃだった」と語る。アナと同じように、パーモリーヴもファシストな母国から脱出したがっていた。「本当のところ、わたしは人生について学びたかった」と彼女は言うが、大学に入学しそれを学ぶ代わりに、彼女は人生を生きる道を選んだ。

彼女がロンドンにやってきたのは十七歳のときで、英語はおろか誰ひとり知らなかった。一九七二年のことで、フランコ独裁政権が倒れるまでまだあと三年かかった。英国に渡るために、彼女は税関でいくらか所持金があることを証明しなくてはならなかった。彼女は持っていた百ポンドを提示し、続いてその金をスペインにいた友人に送り、彼も彼女に続いて英国に来られるようにした——ボリヴィア人男性で、彼女は彼と恋に落ちることになった。彼は彼女にウィルヘルム・ライヒとその著作『セクシュアル・レボリューション——文化革命における性』を紹介し、共産党とも結びついていた——パーモリーヴ自身にも「共産主義寄りの傾向があった」という。

註【3】——振り返ってみて、パロマは彼女の父親は彼の生まれ育った文化の産物だったと思うようになっている——「入り組んでいて複雑だ」

彼女はホステルに向かった。「朝起きると、ボウルを一個とミルクの入ったジャーを渡された」と彼女は言う。「あそこにいた人たちは、このちいさな、なかに何か入った箱を持っていて。わたしは当時、『この朝ご飯、なんかおかしいんですけど』と伝えるにはどう言えばいいか言葉を知らなかった。それまで朝食用シリアルというものにお目にかかったことがなかったし、あれを食べて育たなかった。なんなのか、さっぱりわからなかったわけ!」。彼女は皿洗い仕事をしながらピカディリー・サーカスのそばのYMCAで三ヶ月過ごした後、自宅に戻り、マドリッド大学に入学した。そこで、彼女は暴動に参加した。反政府的なものであれば何にでも魅力を感じるようになった——彼女は警官を嫌った。

十八歳で、パーモリーヴは妊娠し、中絶のためモロッコに行けるよう友人たちの助力で旅行費用を集めた(当時のスペインで中絶は違法行為だった)。「わたしはこの、悲惨な体験をして」と彼女は言う。「自分ひとりで、バスに乗り、知らない国に向かった。言葉も知らなかった。ラバトに到着したのは朝の五時で、人々にじろじろ見られた。ものすごいストレスだった。あれをやるには気を引き締めて強くなるしかなかった。あの体験で自分に何かが起きた」

それから程なくして彼女はロンドンに戻り、まだ英語はろくに喋れなかったものの、ウォルタートン・ロード101番地にあったヒッピーのスクウォットにたどり着いた。パーモリーヴの言葉によれば、そこでのシーンはむしろもっと「ハートの革命」を追求しており、スペインの政治的騒乱からの一時的な救済を彼女にもたらしてくれた。「心の奥深いところで、わたしは実は政治を解決として信じていなかった」と彼女は言う。「ロンドンに向かい、その面を捨て去ることができたのは解放的だった」

パーモリーヴの妹エスペランザはリチャード・デュダンスキーと暮らしており、彼はワンオーワナーズで、未来のクラッシュのフロントマン：ジョー・ストラマーと共にプレイしていた。ストラマーはすみやかにパーモリーヴのボーイフレンドの座におさまった。彼は彼女のためにワンオーワナーズで一曲、〝キーズ・トゥ・ユア・ハート〞を書いた(一九八八年に彼は『NME』に対し、『ロンドン・コーリング』収録の彼の書いたバラード〝スパニッシュ・ボムズ〞もパーモリーヴに向けた「一種のラヴ・ソング」だったと語っている)。パーモリーヴはストラマーが生涯にわたって抱き続けたスペインに対する執着を煽った——彼らは七五年の夏にふたりでスペインじゅうを旅し、パーモリーヴはスペイン内戦に関する会話は「わたしたちの口説き合いの一部だった」と話したこともあった。やがて、ストラマーはパーモリーヴにバンドを結成する思いを掻き立てることになった。「わたしたちはあれこれやって楽しんでいたふたりのキッズに過ぎなかった」とパーモリーヴは言う。「あれは、自分たちはどぶのなかに咲いた花なんだ、そんな感じだった」

セックス・ピストルズがロンドンで第一回目のショウをおこなったとき、彼女はスコットランドの有機栽培農場で遊んでいた(ストラマーは彼女に電話し、目撃したものに興奮し大いに盛り上がりまくしたてた——音楽機材をぶっ壊すバンドがいる、と)。その農場滞在時、パーモリーヴは一種の実存的な危機を迎えていた。ストラマーが自らの夢を追いかけている一方で、自分はただ彼のギグについていき、ぶらぶらしているだけではないかと彼女は考えこんだ。「自分は真空だ、空っぽだという風に感じた」と彼女は言う。「それで、わたしは『自分がやりたいのはなんだろう?』と考えようとした。わたしたちには時間がいくらでもあったし、だからわたしは色んなことを、ボールをいくつもあやつる軽業師みたいに掛け持ちでやった。大道サーカスをやっていた友人がいてね。わたしも『わぁ、それおもしろそう。ぜひパントマイムをやりたい』と」。ストラマーが七六年にパンクに転向したとき、パロマも彼についていった——

「わたしは『ヒッピーなノリのことをやるのはもう飽きたし、それってよさそうじゃない』みたいな感じだったし、（パンクは）自由をもう少し前に押し進めているように思えた」――が、彼女のパンクへの改宗はマイム・アーティストになる試みが失敗に終わってからのことだった【4】。残念ながら、サーカスが求めていたのはマイム役者ではなくドラム奏者で、彼女はごく短期間そのポジションを埋めることにし、ドラム・ロールの演奏の仕方を学んだ。

註【4】――デイヴィッド・ボウイと似ていなくもない――ポップ界におけるポスト・パンクの守護聖人になる前には彼もパントマイム役者だった

マイムの美学の名残りは、パーモリーヴが横縞のシャツにベレー帽を被った姿で写ったレインコーツのバンド写真に見て取れる。マイム役者の表情は非常に劇的だ――その表現力に富んだエモーショナルさは、彼女の演奏に常に現れていた。不機嫌なUKパンクが目にしたもっともオリジナルなものと言えば、ドラム・キットの背後でパーモリーヴが放つ疾風怒濤の歓喜の様だった。彼女はいつも野性的な満面の笑みを浮かべながらプレイした。

パーモリーヴはワンオーワナーズのショウを経験するうちにリズムと恋に落ち、彼らの叩き出すボー・

ディドリー調のリズムにノって「踊り狂った」もので、曲のハートビートとがっちりつながった。「ジョーは明日なんてないと言わんばかりに激しく歌った。リチャードも同じように思う存分演奏した。彼らはそれこそ、『いましかない』って感じだった。一切出し惜しみしなかった」と彼女は言う。というわけでパロマも訓練を受けていない彼女なりのやり方で、彼らのように、毎回自分自身をすべて注ぎこんでプレイするようになった。

彼女は髪を短くカットし、脱色剤とヘンナを使い明るいオレンジ色に染めた。中古の黒いドラムを購入し、その全体に明るい色の塗料をちりばめて飾った（彼女が実家に電話をかけてドラム——スペイン語で「バッテリア」——購入費用をせがんだ際、父親は彼女が台所用の鍋——「バッテリア・デ・コチーナ」を欲しがっているのだと思った）。「パロマ」はスペイン語で鳩を意味する。彼女がパンクの通り名を授かったのは、クラッシュのポール・シモノンにパーティで会ったときだった。ストラマーが両者を紹介したところ、彼は「え、パーモリーヴ?!」と言った。彼女はこの非常に「ポップ」なあだ名を取り入れそのまま進んでいき、彼の発音間違いを自らのパンクの洗礼に変えていったのだ（※「パーモリーヴ（Palmolive）」は世界的に有名な石鹸や洗剤のブランド名）。

レインコーツ（撮影：ケヴィン・カミンズ）

失望に終わったパンク体験を既にひととおり経たところで、パーモリーヴがまた別のバンドに参加するのを躊躇するのは無理もなかった。スリッツの前に、彼女はザ・フラワーズ・オブ・ロマンスという名のグループで、シド・ヴィシャスとバンドをやる苦労を二週間味わった。一度、リハーサルの後、口論になったことがあった。「誰かがこっちと寝たいと思っているのにピンとくることがあるよね」とパーモリーヴは言う。「わたしは感づいていたし、でも彼と寝たくなかった。彼は意地悪で乱暴者っぽく振る舞おうとし、わたしに自分のとんでもなさを見せびらかそうと『おれは黒人が嫌いだ』なんて言ってきた。そこでこっちは『わたしは黒人が嫌いな人間は大嫌い』と言い返して。彼にそう言い返したときの怒りはいまも憶えている。わたしにとって、パンクが象徴したのは『さあ、正直に自分たち自身になろう』だった。けれども彼は、ただ人々がそれについていっただけの人間だった。人はシド・ヴィシャスはパンクのアイコンだったと言うけど、わたしは『あれはパンクじゃない――まったく辻褄が合わない。せっかく抑圧された場所から抜け出したのに、そこから〝これ〟に入るなんて冗談じゃない』みたいに感じていた」。次にシドに会ったとき、彼は彼女を追い出した。それは激怒させられる体験だったし、自分自身の全員女性のバンドを結成したいという強い思いを彼女に抱かせることになった。「わたしが女の子たちと一緒にやりたかったのは、あの手の問題に関わりたくなかったからだ」と彼女は言う。「音楽をプレイし曲を書く行為が、ある男と寝たいか寝たくないか、それ次第にかかっているような状況はごめんだった」

気取ったポーズのパンク・シーンに対するパーモリーヴの嫌悪感は、彼女が書いたスリッツの曲〝FM〟に聴いて取れる――「電波に乗って伝わってくる頻繁な切断行為（frequent mutilation）／それは目的を達成するためだ／あなたに恐れを抱かせようとする者たちの」。そしてクラッシュ／ピストルズ陣営の近くにいたために、彼女はそれぞれのバンドのマネージャーだったバーニー・ローズ、女性嫌いで有名なマルコム・マクラーレン（スリッツをマネージしたいと望んでいた彼は一度、パーモリーヴに「わたしが女性と仕事したいのは、女性が嫌いだし音楽も嫌いだからなんだ、わたしの活気の源はヘイトだからね」と言ったことがあった）の思考回路を至近距離で目撃することになった。「バーニー・ローズは独裁者だった」とパーモリーヴは言う。「バーニーは『きみはこう考えなくちゃいけない、昔の友だちとは縁を切る必要がある』という調子だった。わたしのようなバックグラウンドを持つ人間にとって、あれは気に入らなかった。自分はそれよりもっと、鋳型を壊すことの方に興味があった」。そのための空間をレインコーツが提示することになる。

レインコーツ加入後、パーモリーヴはラディカルな書店コンペンディウム・ブックスにバンドの四人目のメンバー募集広告を貼った――ギタリストではなく、ヴァイオリンもしくはキーボード奏者希望だった。掲示には「女性ミュージシャン求む――スタイルではなく強さを(Strength Not Style)」と書かれてあった。この三単語は『ザ・レインコーツ』という作品の尽きせぬパワーを見事に要約している。「考え方としては、優先されるのは強さであってお洒落さではない、と」とジーナは言う。「わたしたちはポーズだけの気取り屋は求めていなかった。個人として強い、他人に追従しない人物を見つけるのが優先だった」。ヴィッキー・アスピノールはこの点に強く興味をそそられた。

コンペンディウムはヴィッキーのようなインテリが自然にたむろす場所だった。同店はオルタナティヴな思考の持ち主の中心地であり、ラカン、マルクス、ハイデッガーらの著作、スクウォッティングや精神分析、オルタナティヴな食餌法に関する本を探しにいく左寄りなショップだった。「ロンドンでもっとも重要な場所と言えば〈ラフ・トレード〉とコンペンディウムの二カ所という感じだった」とスクリッティ・ポリッティのグリーン・ガートサイドは言う。「ある意味ぼくたちはみんな、〈ラフ・トレード〉、コンペンディウム、自分たちのスクウォットの間を行き来していたというか」

広告に応じたのはヴィッキーだけだった。彼女はメッセージの書かれたページをそっくり壁から取り去ったのだ。〈クリプティック・ワン・クラブ〉にレインコーツのライヴを観に行った際のことを、彼女はこう述懐する――「本当に個性的な人間が三人いるのがわかった。パーモリーヴ、彼女はまるで生まれてはじめてドラムを叩くかのごとくドシンバタン強打していた——裏打ちを一切やらなくて、『どこで出てくるんだろう?!』って感じだった。バックビートが全然なかったし、完全に思いつくまま叩いていた。アナはあの一種宣言するような口調でパティ・スミスっぽかった。そしてジーナのメロディックなベース・ラインはまったく独創的だった。そのすべてが徹底的に風変わりだった。いまひとつフィットしていなかった。荒削りだった」と思い返す。そこにはヴィッキーが必要だった。

彼女はその後すぐにジーナのスクウォットに電話をかけた。「電話口の後ろでレゲエが鳴っているのが聞こえた」とヴィッキーは言う。「そこで思った……これはおもしろいかもしれないぞ、と」

ヴィッキー

ヴィッキー・アスピノールの存在は、レインコーツは全員正式な訓練を受けたことのないミュージシャン集団だった、とのしつこくつきまとう神話を否定する。バンドに加入したときの彼女はクラシック音楽を学んだヴァイオリン奏者で、十歳でこの楽器を手にし、ピアノは六歳で学びはじめていた。十七歳で彼女はトリニティ・カレッジ・オブ・ミュージックに入学し、続いて入ったヨーク大学でルチアーノ・ベリ

ヴィッキー・アスピノール、一九七八年（撮影：シャーリー・オラフリン）

オにシュトックハウゼン、ガムラン、電子音楽スタジオでの作業、ブレヒト流演劇まで多岐にわたって学んだ。彼女の卒論のテーマは『ソウル・ミュージックと反抗』だった。好みの作曲家はラフマニノフ、サティ、シベリウス、ヴォーン・ウィリアムスらだったが、ボウイにビートルズ、〈モータウン〉、〈スタックス〉も愛聴した。実のところ、レインコーツには身近に音楽学研究者が存在していたのだ。ヴィッキーの誇る音楽理論の知識量は、パンク・シーン全体をすべて足した以上だったかもしれない。彼女の耳ざわりな演奏スタイルは、学んできたことを相当に努力して頭から忘れ去ることでやっともたらされたものだった。「B＋」と採点した『ヴィレッジ・ヴォイス』紙向けの『ザ・レインコーツ』アルバム評で、批評家ロバート・クリストガウはこう書いた――「特徴およびフックになっているのはヴィッキー・アスピノールのヴァイオリンで、彼女は弾くというよりむしろノコで引く」

彼女は南アフリカ生まれだが、一歳のときに一家は帰国しロンドン郊外に戻った。「自分の政治への関心はかなり早い時期からはじまった」と彼女は言う。「わたしはいつも両親の世界のなかでは部外者めいた存在だった」。親とイデオロギー面で衝突した彼女が、懐疑的で、反逆児な、本の虫に育っていくのは自然なりゆきだった。はじめの頃に彼女の読書欲をそそったのはシーラ・ロウボサム、ケイト・ミレット、マージ・ピアシー、マヤ・アンジェロウ（※いずれも社会主義／フェミニズム／公民権運動といった活動と連動した作家）らで、ドリス・レッシングのフェミニスト・フィクションやマリリン・フレンチの『ザ・

ウィメンズ・ルーム』もあった。エミール・ゾラの描いた心をつかむ蜂起と革命の物語『ジェルミナール』は、その無政府主義的な力でとりわけ彼女の成長に強く影響した。「あの本に出てくる炭坑夫たちの世界の不公平さ、あれに打ちのめされたのは忘れられないし、負け犬に対してわたしの抱く共感はあそこからはじまった」と彼女は言う。

ヨーク大学在学期が残りわずかになってきた頃、ヴィッキーの二〇世紀クラシック音楽に対する違和感はますます募っていた。「ヨーク大では、この、彼らの呼ぶところの『シリアス』な音楽こそれっきとした建物で、大衆音楽は波形鉄板を屋根にのっけただけの安普請の小屋である、みたいな考え方がはびこっていた」と彼女は『NME』に語った。ヴィッキーは自分の弾く楽器の可能性を深く掘り下げていた。独自のジャズのスタイルを発展させようと、彼女はスタッフ・スミス、ドン・〝シュガーケイン〟・ハリス、ジャン＝リュック・ポンティ、ステファン・グラッペリら先達ヴァイオリニストの技を磨きそれらで実験していった。彼女は七七年までにはロンドンに移り、声高な女性解放運動シーン内に定着していたバンド、ジャム・トゥデイというジャズ・ファンクのアンサンブルに参加していた。

理論面でジャム・トゥデイに興味をそそられたものの、彼女たちの音楽そのものは冒険心に欠けるとヴィッキーは感じていた。ジャム・トゥデイは観客が女性だけのギグで演奏することを好み、メンバーは全員オーヴァーオール着用だった。最終的に、ヴィッキーにとって彼女たちはあまりに分離主義的だった。

「何かを成し遂げるためには、物事の仕組みの内部で働こうと努力するべきじゃないかと思う」と彼女は『NME』に語った。「いまでもわたしは彼女たちのフェミニストな物の見方には共感する、でも……やはり男性たちに向けて演奏しなくちゃならない。人類の半分から自分を切り離すのは無理だ」。一九七九年に、彼女は『メロディ・メイカー』紙に対し、あのグループを抜けた理由は「彼女たちが出演を承諾する会場からして、基本的に言って彼女たちの意見をすでに理解し賛同している観客を相手に演奏することになる」からだと説明した。

ヴィッキーは古く、美しい、エレクトリックなピックアップを備え高音を多く追加したヴァイオリンを弾いた。弦への激しいアタックぶりゆえに、彼女は頻繁に弓を張り替えることになった。彼女の積んできた訓練のおかげで、ヴァイオリンはレインコーツの世界において非常に用途の多い楽器になり、歌の力学の可能性を何倍にも増幅させた。ヴァイオリンを使って彼女はベース・ラインを二重にすることも、主旋律を弾くことも、曲にリズム・ギターっぽさを追加することもできた。苦痛をむせぶように引き出すことも、テンションを高めるべくキーキーきしむ音色を高速で発することも、あるいは弦をはじき楽しげなピチカートを添えることもできた。レインコーツ加入以前にギターを弾いた経験はなかったものの、ヴィッキーは〝ローラ〟、〝アドヴェンチャーズ・クロース・トゥ・ホーム〟、〝オフ・デューティ・トリップ〟の三曲でギターを手にした——彼女いわく、それによって「テクニックの面で、ある意味自分もほかのメンバーと同じ立場になった」

プロデューサーとして、メイヨ・トンプソンが『ザ・レインコーツ』に果たした偉大な貢献は彼がヴィッキーにヴェルヴェット・アンダーグラウンドを紹介したことだった。アナとジーナは長年のヴェルヴェッツ好きだったとはいえ、ヴィッキーはそれまで彼らの音楽を聴いたことも、ジョン・ケイルのヴィオラに対するダークかつミニマルなアプローチも知らなかったし、それで何もかもが変化した（「我々はやってみようよと彼女を少々説得しなくてはならなかったがね」とジェフは言う）。「彼女はニューヨークの連中がやっていた、ドローン・ミュージックに関する手法に啓発されたヴァイオリンを弾きはじめた」と、トンプソンはケイルの前歴であるラ・モンテ・ヤングの音楽グループ、シアター・オブ・エターナル・ミュージックをほのめかしつつ言う。一〇代の頃にヴィッキーはフォーク音楽に使われるフィドルもよく聴いており、そこではヴァイオリンはペダル（単音）としても登場する。「それをいただいて、自分にできる限り表現力に富んだ演奏をやろうとした」と彼女は言う。

レインコーツは実際面で常にフェミニストだったとはいえ、ヴィッキー——断固とした性格で意見もはっきり述べる、一時的に国際マルクス主義者グループの「同伴者」でもあった——は、それ以前にグループに欠けていた知的な基盤および政治的ヴォキャブラリーを持ちこんだ。『ザ・レインコーツ』で彼女が貢献した〝オフ・デューティ・トリップ〟は、北アイルランドの公園で兵士に強姦された女性についての歌だ――不穏なことに、この兵士に対する刑事告発はまったく起きなかった。『ザ・レインコーツ』のサウンドは賛否わかれるものとはいえ、〝オフ・デューティ・トリップ〟はレインコーツに対する音楽マスコミにとっての最大の固執点になった。ジャーナリストはこの曲を引き合いに出して彼女たちを興をそぐお固いフェミニストと断罪することもあれば、逆に革命的と絶賛することもあった。「フェミニズムはわたしたちのやったこと、そしてそのやり方に織りこまれていた」とジーナは言う。「でもヴィッキーが加入して、あの単語が使われるようになった。以後、取材のたびに毎回、わたしたちは『Fではじまる言葉』について質問されるようになった」。レインコーツが全員パンクな女性による、自らを能動的にフェミニスト集団と称した最初のバンドとして登場したのはヴィッキーのおかげだった。彼女は『NME』に対しその意味をこう明らかにした――「あの単語(フェミニズム)を汚らわしいと思うのは、それが代弁するものに脅威を感じる人間だけだ」

非線形な性質

『ザ・レインコーツ』は四人の素晴らしく異なる人々のコラージュだ。そこでは根元的な本能と正式な訓練を受けた音楽性とが、むきだしのエネルギーと直観がコンセプチュアリズムおよび理論と混ざり合っている。陽気さとストイックさが同居している。衝動的かと思えば頭脳的なアプローチも存在する。苦悩と喜びが入り混じる。ポップとノイズが。自由と自由になる術を学ぼうという感覚が。この幾層にも重なったところが『ザ・レインコーツ』を魔法にしている。

七九年のレインコーツはいたる所からやってきたバンドだった——このコスモポリタン性がアルバム全編に編みこまれているのは耳で聴いて取れる。パーモリーヴの不規則に広がるドラム演奏スタイルは、いかに彼女がスペインでロックンロールを聴かずに育ったかに多くを依っている。彼女はむしろフラメンコ音楽に囲まれて育ち、かつフアン・マニュエル・セラットやパコ・イバネスといった文化批判を展開したスペインの政治的なフォーク・シンガーが好みだった。彼女の書いた〝アドヴェンチャーズ・クロース・トゥ・ホーム〟のちょうど真ん中で彼女が「キホーテの夢に取り憑かれて」と歌う箇所もまた、スペイン文学の古典への目配せだ。「わたしは別にほかと違おうとしたわけじゃない」と彼女は言う。「わたしはただ、違っていた」

そしてロンドンのパンク創始者たちがノスタルジアを痛罵したのに対し、アナの思慕に満ちた詩には「サウダーデ」、言い表しにくいポルトガル的な憧憬の念——いくらかの距離を置いた悲しみのことで、それ自体がポルトガルのファド音楽の激しいハートの中心に据わっている——の味が添えられていた（おそらくサウダーデこそ〝ザ・ヴォイド〟の切り裂かれるような悲しみの源だろう）。それは彼女のスタッカートするギター・スタイルをソウルでやわらげる。『NME』はこれらの差異の数々を「アナとパーモリーヴのイベリア流の熱い血潮が脈打つロマンチシズムの一方でヴィッキーの一徹な英国流理性主義があり、そしてジーナはそのふたつの間のどこかに着地する」と称した。

ということは『ザ・レインコーツ』を聴く行為は、それぞれ異なる人々がお互いに慎重に耳を傾け、協働すると——彼らにその機会が与えられれば——どんなことが可能になるかを聴く行為ということになる。作曲家ポーリーン・オリヴェロスはかつて雑誌『BOMB』に対し「人間関係というのは開拓時代のアメリカ西部だと、本当にそう信じている……即興音楽はコミュニティ造営および様々な違いを和解・調和させるのに実に素晴らしいモデルだ」と語ったことがあった。『ザ・レインコーツ』はその証しだ。

民主主義

レインコーツが彼女たちの音楽において民主主義を体現するのが重要だったのは、バンド・メンバーの半分が日常にそれが欠けたまま育ったからだった。レインコーツの心臓部にあるアナーキックなエネルギーは深いところに築かれていた。それは単なる便利なメタファー以上のものだった。その自由の味ははっきり感じられた。

『ザ・レインコーツ』の民主主義は分子レヴェルで展開した。『フェアリーテイル』EP発売時、同作はトリプルA面盤の構成で、各曲の歌詞は違うメンバーが書いた。『ザ・レインコーツ』のアルバム・アートワークもまた、バンド全員のコラボレーションだった。二〇一四年に——アナとシャーリーの暮らすノッティング・ヒルにあるアパートメントの台所のテーブルを囲みながら——わたしはそれくらい徹底した民主主義に比例して生ずる難儀さを実際に目撃することになった。三十五年も経とうとしているというのに、バンドの面々はオリジナル版フル・アルバムの曲目から〝フェアリーテイル〟が外されたことについて、グループのもっとも人気の高い歌を収録しなかったのは理屈に合わないことだったか否か、まだ議論を続けていた。

ヴィッキー「どうして発売済みのシングルをアルバムに入れようと思うんだろう？　そうすればきっとアルバムを売るのに役立つからでしょ」

シャーリー「あれはとにかく、あの手の妙な決定のひとつだった……完全に頭がおかしい決断」

ジーナ「シングルをひとつ出したら、その両面曲ともアルバムには収録しないもので」

ヴィッキー「あれはあまのじゃくな反コマーシャリズムだった」
アナ「基本的にわたしたちにはアルバム一枚ぶんの持ち歌がなかった。充分な数の曲があったら、あの二曲（〝イン・ラヴ〟と〝アドヴェンチャーズ〟）も入れなかったはず」
シャーリー「わたしたち、とぉぉぉ〜んでもない決定をいくつか下した……」
アナ「とんでもなくなんかない」

『ザ・レインコーツ』でも、誰かひとりがリードし引っ張る場面は一切ない。ヴォイスは絶え間なく重なり絡み合う。ドラムスは歌いハーモニーをつける。アナが〝ザ・ヴォイド〟で弾く「ギター・ソロ」は非常に抑制されていてひけらかすところがないので、まるで隠れようとしているかのようだ。合意によって組織されたこの音楽は明らかに、ヒエラルキーをまったく重んじていない。『ザ・レインコーツ』の非線形なサウンドは「秩序」という概念まさにそれそのもの、そこでは必ず何かがいちばん下に押しこまれるという概念を拒絶する。

テンポの維持という発想をパーモリーヴが重視しなかった、というか考えすらしなかったのは耳にありありと伝わる。彼女はビートを指図しない。短く、カタカタ鳴るタムのミニマルなサウンドを基盤にした彼女のスタイルはむしろ絵画、抽象表現主義者のそれに近く、メトロノームのように規則正しいところは一切ないし、彼女いわく「ためしにバシャッとはねかけてみて、そこでどう感じるか様子をみてみる」。そのスタイルは彼女の根無し草なスピリットにぴったりだった。「目の前のドラム・キットを眺めてみて、ハイハットは安っぽく聞こえた。で、バスドラの響きはものすごくクールだった——ある種、アフリカっぽい。自分のなかの何かが呼び覚まされた。もっと深みがあった。よりダンスに近いものだった。そんなわけで、わたしは背後でちょっとしたリズムを作っていくことにした」

「考えてみて——**わたしはドラムの演奏の仕方を全然知らなかった**」とパーモリーヴは言う。「それがいきなり、わたしたちはバンドをやっている、曲を演奏しているって状態になった。自分にそのタイム維持という感覚はなかった。でもレインコーツでは、わたしたちの間に、そのルールを破りたいという意識的な了解があった」。立ち止まったかと思えばまた進む『ザ・レインコーツ』の気まぐれなテンポは、彼女たちのエモーショナルな内実に即して水面下で静かにコトコト揺れるかと思えば突然沸騰し、予測不可能な交通状況に似てアイドリングしていたかと思えば猛進する。「人生のなかに規則正しいことなんてひとつもない」とシャーリーは言う。「バスに乗ると、バスは停車し、再び進み出す。自分がこのバンドと彼女たちのペースの変化についてずっと感じてきたのがそれだった——よく驚かされる。それはストップし、スタートする」

「わたしたちはリズムをハートビートのようなものと感じていた」とアナは言う。「でも、心音は常に一定ではないし、人の歩き方にしたって規則正しくはない。どこかに行こうとしていて、そこでふと『ああ、ちょっと遅れそうだ』と考えて、歩調を少し速める。『おっ、タクシーがきた』と気づいて、それをつかまえようと通りを渡る。自分たちの歌っていることに合わせて歌のテンポが変化するのはごく当たり前という気がしたし……ああしたアップ／ダウンが色々あるのがわたしたちは好きだった」

このグループは和音の面でも変わっていた。『ザ・レインコーツ』で使われたコードには伝統的なブルーズ調の響きをもたらすペンタトニック・スケールが欠けているが、それは単純に彼女たちがそれらを学ばなかったからだった――ヘリウムおよびエックス・ヘックスのギタリスト、メアリー・ティモニーの耳に際立って響いたのがその点だった。「彼女たちは本当に、自分たち独自の世界と独自の演奏の仕方を創造した」とティモニーは言う。「いくつか奇妙な音階も含まれていて、彼女たちは新しいタイプの音楽を作り出そうとしているような感じがする」。『ザ・レインコーツ』の独特な雰囲気のなかではミステリアスな感覚が展開していく――そこには奇妙な構語不全（※理解不可能な発音をすること）、もしくは内的ロジックが含まれる。それは彼女たちがルールを定めず一緒に曲を書きながら作り上げたプライヴェートな言語だった。「自分たちでも何を作っているのかちゃんとわかっていなかったし、あのレコードを興味深いものにしているのは、わたしたちのうぶさと情熱がひとつに合わさったところじゃないかと思う」とジーナは言う。ヴィッキーの述べるように「彼女たちのナイーヴさがアプローチの新鮮さを規定していたし、それで新たな何かが出現する空間がもたらされた。それはプロセスだったし、実践しながら物事を発見していくことであり、これといった目的は存在しなかった」ということだ。ヴィッキーはレインコーツの歌の数々を「型にはまった構成というよりもむしろ挿話的で気まぐれ。だから、聴き手が『なるほど、こういう方向に向かっているんだな』と理解したつもりになったところでいきなり方向転換することもある、とりとめのない会話調のフォルムをとっているわけ」と描写する――そして、それゆえに「この音楽は数人の男性たちの手では作れなかっただろう、とにかく自分にはそう思える」と彼女は言う。

ヴィッキーにとって、『ザ・レインコーツ』の非線形な資質は魅力的だった。その点は彼女が以前にいたバンド、ジャム・トゥデイとはエキサイティングな対比を生んだし、同バンドもフェミニスト集団だったとはいえレインコーツとはまったく違っていた。ジャム・トゥデイについて、ヴィッキーは「歌詞はある意味、曲の上に無理に割りこませた感じだった」と言う。「彼女たちの歌詞は家事、女性の居場所といった内容ばかり――それも非常に字義通りの、説教くさい書かれ方だった」。ジャム・トゥデイはヴィッキー在籍中にレコード作品を制作しなかったが、彼女たちがフェミニストのレーベル〈ストロッピー・カウ〉（※「頑固で手のかかる乳牛」。雌牛／乳牛を意味するカウは、若くない女性に対しイギリスでよく使われる侮蔑的な呼称でもある）から一九八一年に発表したEPには〝ステレオタイピング〟なる曲が収録されており、歌詞はこんな風だ――「彼女は分別をわきまえていないし、彼女はかよわくちっぽけな存在／彼女の頭はからっぽ／彼女は愚かな小娘……わたしはこうしたステレオタイプな女性像のすべてに死ぬほどうんざりしている！」

「この連中（＝レインコーツ）との出会いは、完全にその逆をもたらした」とヴィッキーは言う。「いわゆる『メッセージ』ってものに声高に主張を宣言させ、それをかなり伝統的な音楽の上にのせるのではなくて、レインコーツはそれのまったく逆をやっていた。彼女たちのメッセージは音楽そのもの、およびその音楽の構築のされ方、演奏のされ方、作られ方、リハーサルぶり、仕上げ方、パッケージのされ方等々、何もかものなかにあった——それらそのものがメッセージだった。歌詞は裏返しだった。メッセージはちゃんと伝わったけれども、それは言葉を声高に宣言したからじゃなかった」

ヴィッキーはおそらく、フランス人のフェミニスト文筆家エレーヌ・シクスーの言葉を借りれば、彼女たちがいかに「身体を通じて書いている」かを理解した上でレインコーツに接した。シクスーは一九七六年に発表したエッセイ『メデューサの笑い』のなかでこの「女性的エクリチュール」なる概念を最初に持ち出した。その文章で彼女は、女性は自分たちについて書くことができるし書かなくてはならないと提案した——そうやって書かれた彼女たちの作品は、どうしようもなく女性的な何かを伝えることになるだろう、と。

「あなたの身体は聞かれなくてはならない」とシクスーは書いた。「新たな歴史がやってくる——それは夢想ではないが、確実に男性の想像力を越えたところにまで伸びている……女性のテキストは破壊分子にならざるを得ないのだ。それは火山のように激しい。なぜならそれが書かれていくにつれ、それはより旧い所有権、男性への投資継続という外殻に動乱を起こすからだ。そうなる以外にない」

一九九八年に、キャスリーン・ハンナはシクスーに直接影響されたソロ・アルバム『ジュリー・ルーイン』を発表した。ためになることに、ハンナは『パンク・プラネット』誌に対し「女性的エクリチュール」を説明した――「それは実に興味深い、センテンスの構造は直線型であることに関する概念で――線の上にはポイントがある。動詞があり、名詞があり、どこかに向かっていく、と。その意味で、本当に男性のオルガズムに似ている。本や映画の筋の構成もまた、人々が男性のオルガズムに対して抱く因襲的な概念に類似する――前戯だのなんだのがあり、そして筋書きの三分の四くらいまでいくと、そこで終わり、になる。『身体を通じて書く』は、それとは違うオルタナティヴを思いつこうとすることに関するアイディアだ」

レインコーツとシクスーとの関連づけは早くも一九八二年の時点で、視覚芸術家ダン・グレアムが『ニュー・ウェイヴ・ロック・アンド・フェミニン』と題した記事を発表した際に起きていた。グレアムは新たに登場したバンド群のひとつとしてレインコーツをとりあげ、このように書いた――

グループのメンバー全員の間で交わされる混合し多価性で取り替え可能なヴォーカル・ラインは、和声の歌唱を見下すものだった……意思疎通はバンド・メンバー間で内的に指向されており、オーディエンスのために／オーディエンスに向けられていなかった……これは意図的に前衛派かつフェミニストなアプローチだった……音楽的な質感の感覚は常に変化する、非ヒエラルキー型のパターンを備えたそれだ。フレージングは重なり合い、いわゆる「リード・シンガー」の歌う主要メロディ・ラインと頻繁に食い違う。個々のピッチおよびフレージングのスタイルも、主たるストーリーの流れに反するものになるだろう。

グレアムの提示したこれらの概念はレインコーツ、および彼女たちの紛れもなく「女性な」サウンドにまつわる、七〇年代末から続いてきた様々な会話を思い起こさせる。ライターのヴィヴィエン・ゴールドマンは『メロディ・メイカー』に書いた紹介記事で同様の「レインコーツ哲学」を打ち出した——

レインコーツは吹きさらしのサウンドを目指す。好き勝手に組んずほぐれつするそのハーモニーは、アルバムをはじめて聴いたときにわたしを大いに動揺させた。それを聴き、女のロック・アルバムというものをやっと耳にするまで、自分は二十七年もの間音楽を聴き続けてきたのだと気づかされた……楽器間にヒエラルキーは存在せず、リード・シンガーあるいはリード奏者もいない、それは家父長制構造が設定した勝ち組／負け組パターンからの意識的な脱却だ。

レインコーツ自身も頻繁に、彼女たちの音楽はサウンド面においてはっきりそうとわかる「非常に女性的な」ものだと語ってきた。なぜならほかに選択肢がなかったからだ――彼女たちは女性であり、正直だった。となれば彼女たちからの貢献は女性的なそれになる。キム・ゴードンの言葉によれば「女はごく自然にアナキストで革命家になるものであり、それは彼女たちが常に第二級市民としてないがしろにされ、爪を立てて必死に這い上がる必要があったからだ」になる（このアイディアを、彼女はソニック・ユースの『Goo』収録の隠しトラックで拡張した――「パンク・ロックを発明したのは女の子。イギリスじゃない。アメリカ合衆国でもない。女の子たち」）。その通り、「女性的エクリチュール」の中心には混沌が内在している。レインコーツの楽曲は、その暴動主義が進行中のサウンドだ。

レインコーツの盟友ギャング・オブ・フォーは、いかにもなコントラストを提示してくれる。ギャング・オブ・フォーの創始者アンディ・ギルいわく、当時、両バンドは同時代のグループの多くに欠けていた「比較的洗練された、進歩的な政治に関するアイディア」を、「フェミニズム、もしくは社会主義のフォルムこそ前進の手段である」との信念を共有していた。しかしレインコーツとギャング・オブ・

フォーが共有していたその自覚は、まったく異なるやり方で表現された。ギャング・オブ・フォーが消費主義あるいは社会的慣習／姿勢についての歌に「怒りっぽい」トーンでアプローチするのに対し、レインコーツの〝フェアリーテイル・イン・ザ・スーパーマーケット〟はそれに較べて楽しげに響く。「彼女たちが笑顔で歌っている様が聞こえるっていうのかな」とギルは言う。「彼女たちが楽しんでいるのが耳で伝わるんだ」

「レインコーツは、ぼくたちは男性的過ぎだと思っていたもので」とギルは言うし、この点は両者の音楽的に異なるアプローチへと発展していった。ギャング・オブ・フォーの「リズム面でのタイトさ」や「グルーヴとビートに対するメトロノームを思わせる規則正しさ」と、レインコーツのユルさは対照的だ。「レインコーツの場合、テンポは常に変化していく」とギルは言う。「あれはキック・ドラムとベース・ギターがきちっと同時に鳴るのが大事、云々ではない。レインコーツの連中はぼくに対して、自分たちの表現はもっと女性的だったと言うんだろうね。あのユルさ——音楽的な緊密さ／正確さを積極的に敬遠すること——はそれ自体が女性的だったし、ギャング・オブ・フォーは男のもの、ガチガチさがポイントだという感じていた彼女たちにとって、まさにその逆をいくものだった」

仮に、レインコーツの音楽の非ヒエラルキー的な側面がロックンロールの覇権主義に対する断固とした女性的な反応だったとすれば、それはすなわち『ザ・レインコーツ』の音楽は商業性に欠けたままだ、ということになる。わたしたちの世界が女性の自己嫌悪を肥やしにして栄えるメディアで横溢しているのと同じように、後期資本主義は自然でありのままの女性性をはばむ。完璧さを強要するカルチャーは現実を消去する。カルチャーが伝統に固執すると、真実は制限される。こうしてわたしたちは、その堅固な構造を引き裂いてくれるカルチャーを強く求めることになる。

一九八〇年に出た『ザ・レインコーツ・ブックレット』のなかでアナはこう書いた——「人々は、わたしたちが音楽的に非常に女性的なものを作り出している——わたしたち自身に納得できるやり方で——という点で合意しているようだ。そして、そうなったのはおそらくわたしたちができる限り自分たちに正直であろうとしたからだった、と。当然の話、わたしたちは男性の音楽から多くを学んできたし、それはいずれにせよ音楽のほとんどは男たちによるものだったからだ。けれども、わたしたちが『自分もこんな風になりたい』、あるいは『こんなサウンドを出したい』と思える者はひとりもいなかったし、そこでわたしたちは音楽やそれ以外のもろもろから学んできたことすべてを自分たちの在り方——わたしたちの人格——を通じ、可能な限り濾過しようとしてきた。そんなわけで、結果残ったのは、このグループにいる人間たちの有り様が混じり合ったミックスで、その内実にはわたしたちが女性であるという事実、わたしたちのキャラクター、わたしたちの育てられ方、そしてわたしたちがこれまでの人生のなかで出くわしてきた無数の事柄も含まれる……」

レインコーツはスタジオ入りする以前からしっかり騒がれ前煽りを受けていた。より感極まった呈の称賛はロンドンの週刊音楽新聞四紙、すなわち「インキーズ」——『NME』、『サウンズ』、『メロディ・メイカー』、『レコード・ミラー』——のライヴ評から発信された（※ここでの「inkies」は新聞を指す。当時英音楽紙はタブロイド新聞形式だったためページをめくると指がインクで黒ずんだのでこのあだ名がある）。このオルタナティヴなメディアは膨大な、かつてないほどの量の文章を生み出し、七〇年代末における発行部数は総合して五十万部近くに達したとされる（これら音楽紙はよく回し読みされたので、実際の読者数はこの数字よりはるかに大きかっただろう）。

全員女性ラインナップになってからの初のギグを、レインコーツは一九七九年一月四日、〈アクラム・ホール〉でおこなった。『NME』のイアン・ペンマンはそのショウを「コメディ、パロディ、反ファッションの強い念が発するおだやかさ、楽しさ、ラディカルなロッカーたち、そしてポップ・フェミニズムの元気な一夜」と形容した（彼によれば観客には『〈ラフ・トレード〉、スリッツ、スクリッツ（スクリッツティ・ポリッティ〉、プラグ・ヴェックの面々が混じり、ミック・ジョーンズが現れるまでトレンディな人間はひとりもいなかった』という)。「音楽はいい意味で威嚇的だった」とペンマンは綴った。「レインコーツに関して何も思い出せないのは、ぼくは催眠術にかかっていたからだ」

一ヶ月後、『サウンズ』のニック・テスターはこのラインナップでの二度目のギグ、再び〈アクラム・ホール〉で開催されたライヴを評した——「ステージ前方で発される野次から判断するに、今夜の客の大半のお目当てはメンバー全員が女性のグループ、レインコーツだ」。テスターは「レインコーツにはサウンドチェックをやる時間の余裕がなく（とある皮肉屋はショウ自体がサウンドチェックだとつぶやいた）、ゆえに彼女たちはおぼつかなげに演奏をはじめることになった」と述べた。だが「彼女たちは調子をあげ、こちらを感動させる……歌はよろよろし崩壊寸前までいく……レインコーツは偉大だし、彼女たちが更によくなっていくのは間違いない」。このギグについて、『NME』のエイドリアン・スリルズはこう書いた。「レインコーツは、ロンドンのオルタナティヴ・ロック復興の先頭に立つバンドとしての名声を大いに高めてみせた……容易ならざるポテンシャルが存在する……これらのレインコートはプラスチック製なんかじゃない」

三月三十日には〈アクラム・ホール〉でレインコーツ、スクリッティ・ポリッティ、レッド・クレイヨラのギグが開催された。テスターはその晩を『NME』で「パンクなるタームとそれに並行して行き詰まった様式に束縛されていない、洞察力のあるパンクスに優れた焦点を提供する場」と称した。彼はレインコーツの面々がセットの間に楽器を取り替える様にも言及し、アナとパーモリーヴはポジションを入れ替え、ヴィッキーもヴァイオリンをギターに持ち替えた。「〝フェアリーテイル・イン・ザ・スーパーマーケット〟もまた秀逸な楽曲で、今月末にデビュー・シングルとしてリリースされる予定だ。ぼくは待ち切れない」とテスターは記事を締めくくった。

3　Three

フェアリーテイル

変わりはしない、夜でも昼でも
誰もあなたに生き方を教えてくれやしない

人生は即興行為だ。それは地図のない曲がりくねった迷路であり、回答を欲する疑問の数々の連続だ。答えがすべて見つかることはまずないだろうし、それでもわたしたちは反応し刻々と学んでいく。これらの真実はレインコーツのデビュー曲、〝フェアリーテイル・イン・ザ・スーパーマーケット〟の冒頭数秒を吹き抜けていく。アナは「誰もあなたに生き方を教えてくれやしない！」と宣言し、人間であることにまつわる単純な事実を強調する。だがそれはまた優雅さと鋭さでもって、ＤＩＹカルチャーの本質にもアンダーラインを引く。このパンクの金言は〝フェアリーテイル〟以降、『ザ・レインコーツ』のサウンドのなかに元気に続いていく。そもそもルール本が入りこんでこなければ、燃やすルール本自体が存在しない。「誰もあなたに生き方を教えてくれやしない」の一節は、いちばん重要なレッスンはあなた自身が自分に教えるものであり、たとえ内的なものだとしてもちらばった点の数々を結びつけ、何もないところからあなたが作り出した理解の世界であることを示唆する。

一九七九年に、レインコーツの面々はほかに仕事を持っていなかった。メンバー四人のうち三人はスクウォットに暮らしていて家賃を払わずに済んだ。ジーナはわたしに「わたしたちは空気を食べて生きていた」と話してくれたこともあった。住居はお世辞にも快適と言えなかったので、スクウォッターはそちらよりもスクウォット・カフェやティー・ルーム(いずれもヒッピー時代の遺物)で過ごすことの方が多かった。そこで玄米、野菜、サルサパリラ(※薬用植物で根のエキスを炭酸飲料などの味つけに使う)の食事を安く食べて、慈善中古品ショップでワードローブを新調できた。「実質お金をかけずに装えた」とジーナは言う。「食費もすごく安く済むか、食抜きか」。彼女たちは自らをアートに捧げることができた。スクウォット行為の準合法な性質は、彼女たちの生活圏に――そして実際『ザ・レインコーツ』にも――おのずとアナーキックなエッジを与えることになった。「あれは手作りの、混沌としたサウンドだった」とジーナは言う。「わたしたちの暮らしぶりが浸透したものだった」。『ザ・レインコーツ』は――それ独自の意味で――周縁の、周縁に向けられた、周縁についての音楽だ。アナはとあるジンに対し「わたしたちはフルタイム・パンクスだ」と語った（※テレヴィジョン・パーソナリティーズが一九七八年に発表した代表曲〝パートタイム・パンクス〟は、流行に乗り表層的にパンクを気取る大衆心理を揶揄する）。

ロンドンのスクウォット行為の歴史は一九六八年にさかのぼるが、はじまりはもっと秩序だった、家族による不法占拠だった。同様の動きは同時多発的にヨーロッパ中で発生していた――アムステルダムとコペンハーゲンではスクウォッターたちは見事にオーガナイズされていたし、一方でファシスト政権下のイタリアでのスクウォット行為はとりわけ政治的な意図を含んだ。だがスクウォッティングがもっとも急速にブリテンで広がったのは、一九七九年のある研究によれば「スクウォット行為を生む状況が増幅されている」からだった。一九七二年までにUKにおけるスクウォッティングの本質は社会不和を反映したものになりはじめ、主に若者たちの営む、自然発生的な、無許可行為になりつつあった。一九七二年から一九七五年の間にスクウォット人口は千五百から二万五千に増加し、一九七九年の終わりまでにロンドンだけでも三万人がスクウォットで暮らしていた。（レインコーツも含む）ほとんどの連中は、「非常に効果的な口コミの情報チャンネル」を通じておのおののスクウォットを発見していった。

住まいが人権だとすれば、スクウォッティングは内在的にポリティカルな行為であり、それ自体が具体的な哲学の実践であるパンクの自然な延長ということになる。最良の状態にあるときのパンクは、社会が抑圧もしくは無視してきた人々にとって、彼らが持つに値するものを手にするための場になる。彼らは臨機応変だ。彼らは許可をとらずにことを進めていく。ロンドンでは、一九七九年までに悲惨な住宅難が起きていた――「壮大な再開発計画」の結果十五万近くの住居が空っぽのままになり住宅エリア一帯は空き家と化し、お粗末な予算案は行き詰まった。一方で家を失った十九万世帯が公団の入居待ちリストに名を連ねていた。パンク――許可を待たないアート――と同じように、スクウォット行為は制度的な失敗に対する直接行動の反応だった。

スクウォット可能な建物というのは遺棄され見捨てられ、放置もしくは破損行為により十分に修繕されない状態に陥ったものだ。火災事故が起き、誰もわざわざ修繕しようとしなかった家屋かもしれない。壊れたボイラーをほったらかしにしたまま住人が引っ越してしまった場合もあるだろう。政府はこうした廃屋を修復するのは財政的に論外であるとの結論に達し「居住には不適」と宣告する。その一方で、スクウォッターはそれらの建物を想像力、ヴォランティア労働、共同作業、「使い古しの素材、発明の知恵、そして固い決意」によって安上がりに修理していく。

一九七九年十二月に発表された研究論文『ロンドンにおける都市中心部のスクウォッティング』はこのように述べる――

スクウォッティング行動は、大抵の場合密かな夜間侵入の形態をとる。日中の不法占拠は、スクウォッターが作業人あるいは法的権限を持つ人物を偽り決行するのがもっとも成功する率が高い……スクウォッターは「地区評議会よりもはるかに低コスト、かつ迅速に家屋を修繕し改良」できるゆえに、保有の代替形態としてこの行為が権威側から広く受け入れられるようになったのに反論の余地はない……スクウォッティングはますます、居住者のいない都市部建造物の実際的かつ経済的な使用法と看做されようになっている。

ジーナがかつて暮らしたモンマス・ロードの並びの多くは解体されていた——家々の壁から漆喰がはがれ落ちていた。「わたしが移り住んだ家はとてもじゃないが住めない状態だったと言う人もいると思う」とジーナは言う。「でもわたしたちにはあれで大丈夫だった」

ある意味、『ザ・レインコーツ』は紛れもないスクウォット文化の産物だ。それは自由な空間、かつてアナキスト作家ハキム・ベイが造り出したターム、「一時的自律ゾーン群」としてのスクウォットが可能にしたことの記録だ。レインコーツは演奏の上手さに反対したとはいえ、彼女たちの音楽はぶっつけ本番ではなかったし、スクウォッティングの自由は彼女たちが「とても活発で非常に長時間にわたることも多かった」リハーサルを一緒に重ね、学び、限界を押し広げ、発見していくことを可能にした（彼女たちはめったにひとりで練習しなかった）。彼女たちの初歩的なサウンドは、手元にあったもの——作業に費やす時間、そしてそのための空間——によって丁寧に塑像されていった。そこに住みこむことで生まれたサウンドだった。彼女たちは強力なプレイヤーになった。

ヴィッキーの暮らしたブリクストンのスクウォットは著しく過激なそれで、夜中にこっそり押し入り占拠した、廃屋の並ぶ通りの一軒だった。「わたしたちは窓やドアをベニヤ板で覆ったままにしたから、誰か住んでいるとバレっこなかった」と彼女は言う。電気メーターは向かいの工場から引っ張ってきた。庭にトイレはあったがシャワーする場所はなかったため、彼らは公共浴場を利用した。「浴槽に横たわっていると、別の個室とはいえ、隣で赤の他人が湯船に浸かっていたり」とヴィッキーは言う。「別に気にしてなかったみたいだけど」

ジーナのスクウォットはベイズウォーター区にある行き止まりの通り、モンマス・ロード三十一番に立つ「みすぼらしい、でも天国のような」三階建ての一軒家だった。彼女は最上階の二部屋で暮らした。はがれ落ちかけた壁土を補修すべく、彼女は学校で混ぜ合わせミルク容器数本に詰めて家に持ち帰ったべっとりと濃い、深い紫がかった黒い塗料で壁を覆った。慈善中古品ショップですり切れた敷物の端切れを買いこみ、地面の上でそれらをパズルのピースのようにつなぎ合わせた。冷水しか出なかった。浴室の壁からはキノコが生えていた。

何杯ものお茶は時間を刻む時計
時計！　時計！　時計！

〝フェアリーテイル〟はこのちぐはぐな日常を、何もかもを可能にした支離滅裂ぶりを祝福する。アナが酔っぱらったお茶会のイメージを醸す〝フェアリーテイル〟は、『不思議の国のアリス』流のシュールなウサギの穴——レコードとバンドはそこから鏡を抜けていく——を茶目っ気たっぷりに喚起するが、この歌詞はまた現実から摘み取ってきたものでもあった。自宅のスクウォットで、ジーナはありそうにない、あの場でしか起きない時刻の知り方を発見した。日時計のようなもので、お茶を淹れるべくヤカンがあたたまっていれば、彼女には同居人のサイモンが帰宅した時刻と察しがついた。

レインコーツがリハーサルをおこなったのが、このモンマス・ロード三十一番の老朽化する一方の地下室だった。彼女たちはこの練習場をヴィンセント・ユニッツと共同使用した。彼らはジーナのスクウォット同居人だったニール・ブラウンのバンドで、同じくアート学生だった彼はフランス人アナキストからこのスクウォットを受け継いでいた。ジーナの階下の住人はウィワットとポムという名のタイから来たふたり。焦がした油とスパイスの強い芳香が常に漂っていた。ジーナはたまに彼らの風呂を使わせてもらおうとしたものだった。「そしたら、バスルームが賭博場に作り替えられていたっていう。小さなカード卓がふたつしつらえてあって、大勢の人間がしゃがみこんで、ふたりごとにバーボンの壜を分け合い、すごい熱心さでカード賭博にふけってた。あそこで起きた何もかもはとにかくああして起こったことだったし、別に文句はなし。みんなただ、お互いと、それぞれの暮らしぶりを受け入れていた」

事実上、生活はフリーで、彼女たちのアートを可能にしていた。だが、いくらかの代償は常についで回った。スクウォッターはいつなんどき立ち退きを命じられるか知れず、ゆえに生活上のインフラはすべてつぎはぎの、携帯可能な品々から成り立っていた——電力発電機、灯油ストーヴ、オイル・ランプ。ジーナは寝室の床の上にちっぽけなガス調理器を置いて使っていた。「ゴムの樹を買ったら、軽いガス漏れがあって、一枚、また一枚と葉がぜんぶ落ちていって、結局残ったのは長く尖った棒切れ、茎一本きり。わたしはたぶんあまり健康じゃなかったと思う」

「自分はある意味、この世界がどう機能しているかについてかなり世間知らずだった。すべてはほんと、ちいさな隙間を見つけ出すことだったし、こちらに向かって開いたその空間をひょいっとかがんで飛びこんでくぐり抜けていくのに尽きた。だから自分自身のちょっとした通路、トンネルに取り組んでいるというわけ。ある場所を通過していると、たまにドアがふたつ開いていることがあって、となるとどちらかひとつを選択することになる……」

「何をやればいいか自分はわかっていなかった、基本的に」とジーナは言う。「わたしは生き方を知らなかったし、誰も教えてくれない。誰もわたしに『こうすべきだ』と言わなかった。だからとにかくその場その場でとっさに対処していったし、つまずきながら前進していったというか。で、失敗もしでかす。自分が何をやっているかさっぱりわかっていなかった。自分のスクウォットで、何もなしで生きていた。わたしは野育ちみたいだった」

スーパーマーケット

〝フェアリーテイル・イン・ザ・スーパーマーケット〟は、ザ・ミーコンズの〝ホェア・ワー・ユー〟にインスパイアされたクレッシェンドするドラム・ロールと共に巻き上がる。『ザ・レインコーツ』収録曲のどれよりも、この曲の密に詰めこまれた歌詞とタフでものうげな歌いぶりはアナがボブ・ディランに抱いたオブセッションを証明する。アナの初期の歌詞は概してもっとミニマルなものだったが、〝フェアリーテイル〟には言葉がぎゅう詰めにされている。全員が声を合わせ繰り返すコーラス部はこうだ——

でも心配しなさんな

ハニー、心配しないで
これはただのおとぎ話
スーパーマーケットで起きている

〝フェアリーテイル〟はポップ・アートの縮図だ。「スーパーマーケット」はポピュラー音楽においてなじみの薄いトピック――とはいえ同年のクラッシュの『ロンドン・コーリング』には〝ロスト・イン・ザ・スーパーマーケット〟が収録されている――かもしれないが、その加速された消費主義が起こる場はポップ・アートにとっての偉大なテーマのひとつだ。ウォーホルの一九六二年のスープ缶、および彼の六四年の重要な『アメリカン・スーパーマーケット』展は先例を敷いた。また一九五五年に詩人アレン・ギンズバーグは『カリフォルニアのスーパーマーケット』を発表しており、そこではウォルト・ウィットマンとガルシア・ロルカが売り場の通路を徘徊する。「わたしはスーパーマーケットであなたの本に触れ、わたしたちのオデッセイを夢見て、不条理を感じる」とギンズバーグは書いた。

軽い読み物と思えるかもしれないが、おとぎ話の核にあるものはかなりむごい――醜悪さは概して邪悪と同一視される。「たしかにあのラインは、事態が困難になり得ることはあるし、けれどもとにかく続けていかなくてはならないし頼れるのは主に自分だけ、という色んな場面を象徴したものだ」とアナは言う。

「シニカルかつ苦い基調が備わっている――〝心配しなさんな〟――と言いつつ、本当はたぶん心配すべきだっていうね！」

ポルトガル出身だけに、アナはある程度の文化的なイノセンスを留めていた。潜在的に何もかもが驚異的だった。「ポルトガルにはスーパーマーケットがなかった」と彼女は言う。「登場したのはわたしが国を出たあと。あれは当時の自分にとってかなり新奇な存在だった」

あなたが読んできた本をわたしは知らない
でも愛は決して表に現れないものだなんて言わないで
安心感を得たくて一冊の本を読んでいるあなた
お気に入りのヒーローたちの人生譚に安堵させてもらおうと（……）

あなたの思考のルーツ
それらは根本的に言ってポラロイド写真的
わたしの絵を眺めて
ここに自分が映っているとは言わないように

〝フェアリーテイル〟で、アナは誰かをコピーすることも誰かにコピーされることも、リードすることもリードされることも望んでいない。彼女はあらかじめ決められたパンクの筋書きを参考にしてポーズをとっているだけの連中、そのすべてと自らの間に一線を引く。この意味で、〝フェアリーテイル〟はパンクな気取りに対するあきれ顔、ポーズだけのパンクを非難するトラックであり――かつ、ポスト・パンクの拡張性のための優れた意思表明にもなっている。だがアナはまた、外国生まれの女性でもあった。自らが生を受けた極度に検閲されたそれに較べ、明らかにもっとオープンな文化に囲まれていると彼女は感じていた。文字通り、彼女は「**あなたが読んできた本を知らない！**」のだ――彼女の母国でそれらの書物は法で禁じられていた。

アナは〝フェアリーテイル〟のタイトルとコーラス部を、ＢＢＣが制作したＸ－レイ・スペックスのフロントウーマンについてのドキュメンタリー番組『フー・イズ・ポリー・スタイリーン』を観ながら書いた。本名はマリアンヌ・ジョーン・エリオット＝サイードであるポリーは、スコットランド＝アイルランド系の秘書と国を追われたソマリア人貴族との間に生まれた娘だった（※このバイオはポリーが流布したもので、父親はソマリア人港湾労働者だったことが死後に出版された伝記ほかで明らかになっている）。パンクスが自らの過去との決別を叫んでいたのに対し、自身の多人種な家系図を語るポリーの口調はそれに魅せられていた。〈ロック・アゲインスト・レイシズム〉開催のギグに出演したパンクスは多かったが、ポリーは現役で参加した数少ない有色人種のひとりだった。彼女の歌が遺伝子操作や消費者文化の害と取っ組み合ったように、彼女のパンク理念には環境問題に対する意識がこめられていた。ポリー・スタイリーンは音楽史上もっとも独創的なポップ・スターのひとりになった――オペラの教育を受け、痛烈に反体制的で、歯には歯列矯正具ががっちり装着されていた――そして彼女は間違いなく、ブリテンが遭遇したもっともシャープなパンク作詞家だった。

BBCは『フー・イズ・ポリー・スタイリーン』を一九七九年一月二〇日に放映した。X―レイ・スペックスの猛烈な勢いの傑作『ジャームフリー・アドレッセンツ』のリリースからわずか二ヶ月後のことだった。〝ザ・デイ・ザ・ワールド・ターンド・デイ―グロー〟、〝プラスチック・バッグ〟といった意外なヒット曲はガンを誘発する化学薬品がいたるところに潜む不安だらけの世界――日常生活における避けようのない恐怖――の訪れを予期するものであり、対を成すサックス―パンク・サウンドもあかあかと灼けた。『フー・イズ・ポリー・スタイリーン』には食品店の通路で撮影された、蛍光灯に照らされポリーが買い物カートを押しながら様々な商品をひっつかんでいく場面が登場する――ダズ洗剤、朝食用シリアルのスペシャルK、鎮痛剤アナディン、衣類柔軟剤コンフォート、レモンの匂いがするサンライト液体洗剤。それは後期資本主義の工業生産物の荒地の姿だ。「彼女の音楽はちょっとおとぎ話っぽく響くけど、

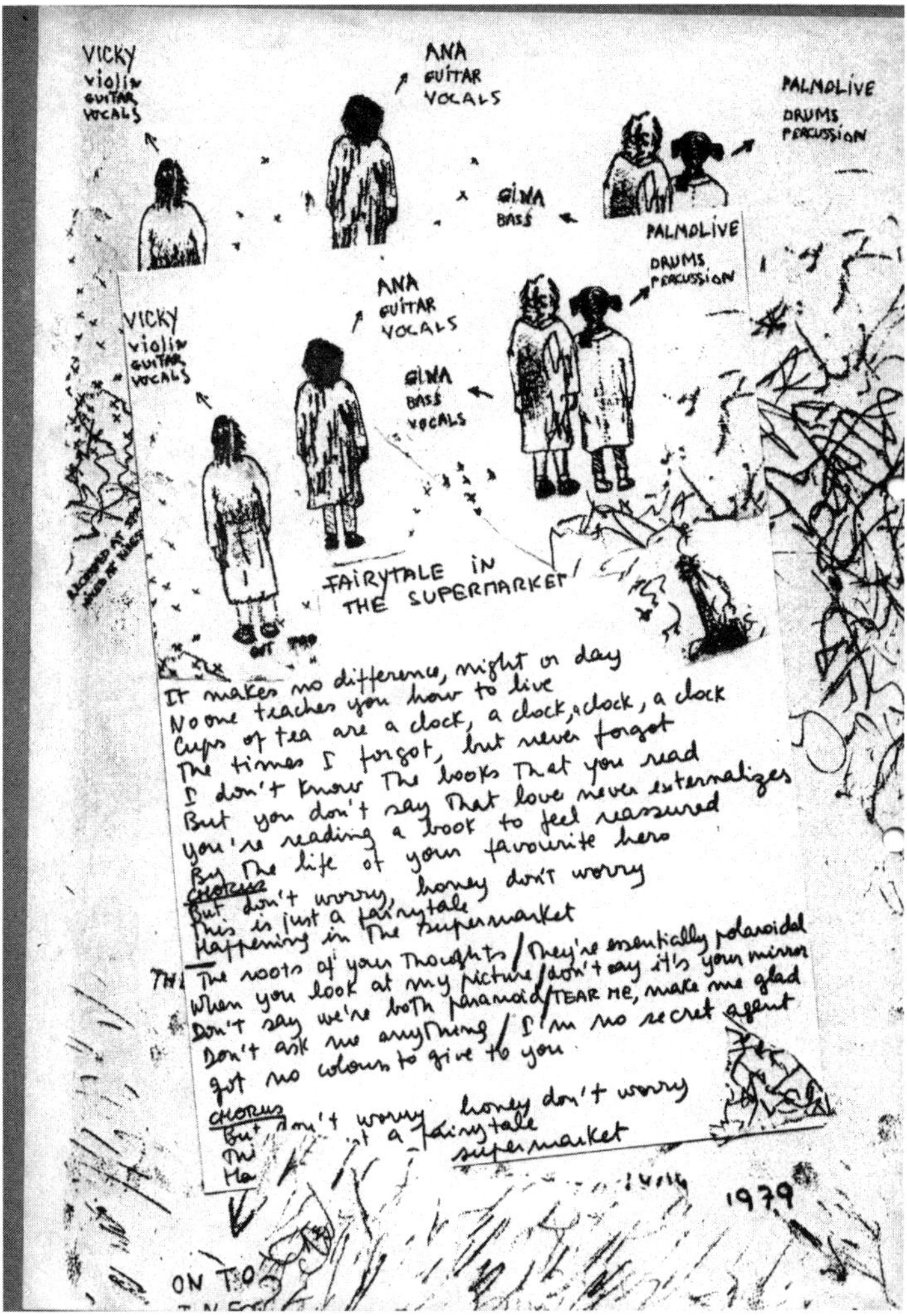

〝フェアリーテイル〟（ドローイング：アナ・ダ・シルヴァ）

でもそれは消費者主義社会のなかのフェアリーテイルなんだ、はっきりとそう思ったのを憶えている」とアナは言う。「突然自分にピンときた。『これはスーパーマーケットのおとぎ話みたいなものなんだ』と」

イン・ラヴ

ホーンジー・カレッジ在籍時、ジーナは新聞印刷用紙の巨大なひと巻きを手に入れた。とあるプロジェクトのために、彼女はそれを使い桁外れに大きな額縁を張った。そして彼女は助走をつけ、その大型の紙に向かってジャンプし突き破った。「かなり怖かった」と彼女は言う。「紙に開いた穴が身体の輪郭をとることもたまにあった」。『ザ・レインコーツ』と同様、その作品も直観的に生まれたものだった。「振り返ると、あの作品はフラストレーション、そしてわたしや若い女性にとっての理想的な、共感できる進路が欠けていたことを象徴していたように思える」とジーナは言う。「突破しよう、足跡を残そう、突き抜けた向こう側で何が起きるかわからなくても、と」

「わたしの人生の重点は大概、何かに自ら飛びこむことと関わってきた」と彼女は言う。「自分の道を自分で作っていると、その場でとっさに判断しでっちあげていかざるを得ない。ときに自分だけで、孤独なこともある。わたしは内気だったけれど、たぶんむこうみずだった。あとから色んなツケが回ってくるかもしれないから、何かをやらずに無難に済ますってことがなかった。とにかく取り組んでみて、結果をそのまま受け入れた」

とてもハッピーなわたし
ハッピーで、悲しい
誰かを愛するのはとても苦しい
わたしの感情にとって

ジーナが〝イン・ラヴ〟を書いたとき、彼女は二階建てバスの上階に座っていた。バスは進んだかと思えば一時停止した。前進、停止。発進し、ストップし、発進し、また止まる。
愛はいつだって半信半疑からはじまる。それは制御不能で、何もかも頭から消し去ってしまうし、完全に情熱に身をまかせて実践するに限る。恍惚としつつ苦悩に満ちてもいる〝イン・ラヴ〟は、ふらりと現れると同時に聴き手の心をうつ。それは夢中になりのぼせあがることと、それについての歌だ。愛が身体を乗っ取るように、苛酷な狂喜のように感じられる歌だ。誰かに無我夢中になることの苦痛。飢餓感が生むハイ。それは痛みでうずき、くらくらしている、このアルバムの稲妻だ。愛の歌というよりも、愛についての歌というのに近い。それはハリウッド映画流の幸せな結末という神話を鵜呑みにしていないし、本物の愛に伴う吐き気だけがある。〝イン・ラヴ〟の音楽部もこの方向の定まらない混乱を共有する。ごたまぜなエンディングに向けて音楽部があわただしく疾走し出たり入ったりするなか、ジーナは「どうしたらいいかわからないよ／どうすればいい?」と狂ったように繰り返す。だがすべては不明瞭なままだ。ほころびはじめた愛のように、〝イン・ラヴ〟は境目の空間に存在する。『ザ・レインコーツ』のなかでもっともスリリングに直接的な歌であるにも関わらず、それはもっとも間接的な感覚を描写している。

ジーナの執拗なベース・ラインは『ザ・レインコーツ』全般に感じられるとはいえ、彼女の音楽的な力の集大成――メロディに対する鋭いセンス、生々しいエモーショナルさ、コンセプチュアリズム――はすべて、この曲で繰り広げられている。ヴァイオリンが耳を焼き、歌のとっちらかった感情に負けじとヴォイス群もこんがらがっていく。アナの書く歌詞は磨きこまれていた。ジーナの歌詞は、むしろ「即席で、ほとんど秘密に近い場所から発した、おそらくバンドに入りたいという欲求がなかったらはっきりそれとわかるように表現されなかったであろう」ものだったと彼女は言う。アナは疑問符のようにシラブルを引き伸ばす。ジーナはシラブルを感嘆符のごとくパンチ・インしていく。「かなり熱弁調」とジーナは言う。「『わたしはこんな人間で、こんな風に感じている、そしてそう、誰かを愛するのは本当に感情面できつい！』と。ただし、こういう感じ（と泣き真似をする）じゃなくて。癇が強くて怒りっぽい」

今日は何も手につかない
どっちにせよ何も目に入らない
一日じゅう何も口にしていない
誰かを愛するのはわたしの感情にとてもタフだ

「思うに、わたしは日記を書いていたんじゃないかな」とジーナは言う。「この愛と呼ばれるもの――その初期段階の言葉に言い表せないフィーリング、あるいはコミュニケーションのはじまりの時点での姿――がどれだけ繊細で、内と外の両面において対処するのが実に厄介なものであるかについて。こんなにも素晴らしくすべてを圧倒するようなものが、いかに苦痛でキャンキャン吠えてしまいたくなるくらい痛みを伴うものになり得るかについて。まだ若くて自分が様々な物事についてどう感じるかをよく理解していなくて、オブセッションや愛に直面したときに抱く圧倒的なフィーリングの数々にまだちゃんと対応しきれない、あれはそういう場面を歌ってる。わたしはたぶんあまり食べていなかった。たぶん、一日何も口にしなかったなんてことはよくあったと思う。動揺と感情の吐露が続く状態だった。あれを演奏すると、かすかな当惑の感覚に陥ることもあった」。〝イン・ラヴ〟はもっともわかりきったトピックやもっとも単純化しにくい状態の数々――愛、苦痛、幸せ、悲しみ――ですら、新たなやり方で提示すれば目的を伴って爆発することが可能だと証明してみせた。

*

一九六九年に、ソル・ルウィット――コンセプチュアル・アート界の長――は『センテンシズ・オン・コンセプチュアル・アート』という題の、同アート・フォーム向けの一連の三十五の基準を発表した。これらの格言のなかで彼は、『ザ・レインコーツ』にもマッチする気がするとジーナが同意するコメントをいくつか残している。

コンセプチュアル・アーティストは合理主義者というよりもむしろ神秘家だ。彼らはロジックが達することのできない結論に飛躍する。

芸術作品のコンセプトにはその作品の素材、もしくは作品の制作過程が関わってくることもある。

合理的な決定は合理的な決定を繰り返すものだ。非合理的な決断は新たな経験につながる。

ジーナの積んだコンセプチュアル・アートの修錬は、彼女の積極的なロジックの拒否とそれをありのままに見せる姿勢として顕われた。

マデイラにあるアナの実家を訪れた道中、彼女とアナはルー・リードが一九七二年に発表したグラム調の、ボウイがプロデュースしたポップ寄りなアルバム『トランスフォーマー』のストリート慣れした輝きを貪るように聴いていた。同作のレコーディングの過程を分析しはじめたところで、ジーナは天啓を受けた。「ルー・リードの声が一度にふたつ聞こえてくるのに気づいて、それにかなりびっくりした」。というわけで、〝イン・ラヴ〟のコーラスで彼女はエコーを演じようと試みることになり、そこにはダブからの影響もあった。「レコーディング音源をどうやって作るのか、録音スタジオでは何が起きるものなのか、わたしはちっとも知らなかった」とジーナは言う。「世間知らずもいいとこだし、ほんとバカげた話。ただ、そうは言いつつ、この声がふたつ存在するって事実はものすごく奇妙に思えた」

「たぶん、自分自身の声でエコーを模倣できるんじゃないかと思った」と彼女は言う。「いやもちろん、ほかの人たちは言葉を繰り返すことでエコーを生み出した、そうは思わなかったけど、でも、それって創意に富んでいる。自分なりのローファイなやり方で、たぶんそれを再現できるだろうと考えた。いったんそれをやりはじめると、スタジオでただエンジニアに向かって『ここにエコーをかけて』と言うのと、自分で『イン―イン―イン……ラヴ―ラヴ』と歌うのとは別の話になる。あなたにも―あなたにも―あなたにも・可能―可能―可能―可能・自分でエコーを作ることは可能――それだっていいじゃない？」。それはどうにも振り払えないフィーリングのように残響する。

「ジーナはマジにポップ・スターになれたはずだ」と『ザ・レインコーツ』のエンジニア、アダム・キッドロンは言う。「彼女のメロディ感覚はとんでもなかった」。〃イン・ラヴ〃はある人間がその面を実感と共にはじめて探究した結果だ。ジーナが繭を突き破って出ようとしているように響く。〃イン・ラヴ〃は彼女が恋いこがれる対象を描いたラヴ・ソングではない――その変容そのものが主題の歌だ。〃イン・ラヴ〃はトンネルの奥に待っている明かりではなく進んでいくトンネルについての歌であり、その暗闇のなかで出くわすかもしれない、自分自身についての発見のすべてがポイントだ。

＊

パンクスは誰もラヴ・ソングを書かなかった。七七年に『サウンズ』に寄せたコラム『パンク・ロック』でヴィヴィエン・ゴールドマンがこう書いたように、「もう誰もラヴ・ソングを歌わない、だがそれは確信から歌わないのではなく、それが流行だからだ」。とはいえ愛は常に、元祖パンクスが認めた以上にラディカルかつアナーキックなコンセプトだった。一九一四年に発表したエッセイ『マリッジ・アンド・ラヴ』で、アナキストのエマ・ゴールドマンはこのように説明している。

自由恋愛？　それではまるで愛がフリーではないかのようではないか！　男は頭脳を金で買ってきたが、どれだけ金を積んでも愛を買うことはできずにいる。男は肉体を服従させてきたが、この世の権力すべてをもってしても愛を服従させることはできない。男は数々の国家を征服してきたが、彼の軍隊が総力をあげても愛は征服されない。男はスピリットを鎖につなぎ拘束してきたが、そんな彼も愛の前ではひとたまりもない……愛には乞食を王者に変える魔法の力が備わっている……世界中の法廷も、いったん根を下ろした愛を、その土壌からむしり取ることはできない。

レインコーツは「いわゆる」ラヴ・ソングというものを書かなかったが、それでもその主題に引き寄せられることは自らに許した。ときには一九六〇年代のガール・グループ、ザ・ディキシー・カップスが愛情でメロメロなハーモニーを聴かせる〝愛のチャペル〟でサウンドチェックをすることすらあった（「結婚することについての歌を歌って、人々のこちらに対する期待を裏切るのは愉快だった」とジーナは言う。「わたしたちは結婚にあこがれていなかったから」）。彼女たちの愛の提示ぶりはほとんど非ロマンティックと呼んでいいものだが、レインコーツがしばしばあの時代において勇敢に傷つきやすさをさらけ出したバンドと位置づけられた主な理由、それはやはり愛だった。傷つきやすさは、誰かが受け止めるのを信じて後ろ向きに倒れる行為だ――リスクを負ってもいい結果になると自分に信じこませなければならないし、それくらい何かが欲しくて必死なのだ。『ザ・レインコーツ』は強さだけではなく傷つきやすさも含んでいたが、もっと端的に言えば、**傷つきやすさがその強み**だった。

レインコーツの傷つきやすさは、彼女たちのヴィジュアル面でのプレゼンぶりも若干関わっていた。あらゆる類いのパンクの定番ファッションとステージ映えする魅力を拒んだレインコーツの面々は、毛糸のもこもこしたモヘア・セーターといった中古衣料（カート・コベインは明らかにここからヒントを得ていた）に身を包み、その断固としてすり切れた佇まいで異彩を放った。あの当時、女性ミュージシャンが自身のイメージを後回しにするのはめずらしかった。レインコーツには思慮深くクリエイティヴなスタイルがあったとはいえ、彼女たちのギグの場での自身の提示ぶりと普段の生活との間に境界線はなかった。彼女たちはファンキィな靴が好みだった――ブローセル・クリーパー（ラバーソール）、ポーランド製のウェイトレスの作業靴、車のタイヤを靴底に貼ったグロス・ペイントで赤く塗られた一足。彼女たちは手編みのニットのセーター、手術用スモック、しみのついたドレス、オレンジとピンクのストライプのズボン、ジグザグなステッチを施したカスタム仕様のパンツを身に着けた。アナは化粧品で顔に列車の線路を描いた。

「あれはとにかく――ほら、わたしたちはこんなにみすぼらしくて冴えないんです！　と言うようなものだった」とヴィッキーは言う。「わたしたちは一般受けを狙って、自分たちを一切包装しなかった。ほかのバンドはみんな、人目を惹きつけ、人々をほっとさせ、そして自分たち自身を第二の肌で覆うために何かを身に着けていた。わたしたちはそれをやらなかった」

アドヴェンチャーズ

叫びをあげるパッション
それは怒りで赤く燃える
自分を見失った
ミステリーだらけの裏通りのなかを

行ったり来たりした
まるで気の触れた列車のように

パーモリーヴの経てきた旅路は〝アドヴェンチャーズ・クロース・トゥ・ホーム〟のなかにそっくりそのまま含まれている。彼女はあれを「自分のソウルを探すこと」についての歌だと言う。彼女は自身の過去を探りつつ、自分がどんな人間になりたいかを確定させていく。明快な歌詞は自律性に捧げる頌歌であり、そこでは三つの歌声が反響し、アトーナルなギターはいぶかしげに跳ね回り、ベースは甘いメロディをゆっくり、ピーン！　とはじく。一九八一年に『ヴィレッジ・ヴォイス』は、『ザ・レインコーツ』は「パンク・フォークを発明した」と書いたが、ここで起こっているのがそれだ。半信半疑なところもありつつひらめきの瞬間も存在し、彼女たちがパーモリーヴのために一行一行にさっと反応し音を出している感覚がある。

パーモリーヴはスリッツ在籍時代から引き継いだ〝アドヴェンチャーズ〟をレインコーツに持ちこんだ。彼女がスリッツと共に最後に書いた曲であり、なかでも彼女のお気に入りの曲だった。彼女が書いた初期のスリッツ曲、〝ナンバー・ワン・エナミー〟等は典型的なパンク・チューンであり同シーンにインスパイアされていた。パーモリーヴはバンドから去っていたにも関わらず、彼女の書いた〝ショップリフティング〟、〝ニュータウン〟、そしてより内省的な〝FM〟はいずれも一九七九年九月にリリースされたスリッツのデビュー作『カット』に収録された。『カット』はスリッツのヴァージョンの〝アドヴェンチャーズ〟も含んでいた——この曲が最初に発表されたのがEP収録のレインコーツ版だったことを踏まえれば、『カット』はレインコーツのカヴァーを収めている、とも言える(シャーリー、パーモリーヴ、スリッツの三者は風変わりな音楽出版契約を結んでおり、それぞれのヴァージョンの音楽印税は各バンドに支払われる仕組みになっていた)。〝FM〟と〝アドヴェンチャーズ〟について、パーモリーヴは「わたしは自主的に考えはじめるようになっていた」と言う。響きこそおだやかかもしれないが、〝アドヴェンチャーズ〟は哲学的な意味で彼女にとってもっとも重い曲だった。当時まだパーモリーヴを名乗っていたとはいえ、〝アドヴェンチャーズ〟での彼女は本名のパロマのように聞こえる。

パーモリーヴがレインコーツに参加したとき、多くの意味で彼女とパンクの関係は既に終わっていた。音楽シーンは彼女にとって無目的に思えた。〝アドヴェンチャーズ〟を通じて、基本的に彼女は自分がじきに旅立つのは確実だとバンドに告げていた——歌詞は出発についてであり、音楽部は悟りの究極のしるしである明晰さをもって漂っていた。パーモリーヴはレインコーツの面々に対し、春のツアーを終えたところで自分はバンドを抜け、東方でスピリチュアルな旅を追求すると話していた(彼女がその頃もっと関心を抱いていたものにはヨガ、瞑想、ヒンドゥー教、霊体による旅、易経などがあった)。というわけで、ぼろぼろながらも栄えあるパーモリーヴの晴れ姿をとらえるべく――スリッツの残した素晴らしい『ピール・セッション』を除くとその唯一の記録だ――レインコーツはツアー終了後、ライヴで演奏してきた楽曲を集めたアルバムを大至急録音することにした。『ザ・レインコーツ』の録音セッションについて、「パロマはほかのあれこれで忙しかったから、バンド内に緊張があった」とメイヨ・トンプソンは言う。「彼女たちには一体感があったが、ふっとこんな場面が訪れた――『これからいったいどうなるんだろう?』と」

個人的に受け止めないで欲しい
自分の運命は自分で選ぶ
わたしは愛についていく
わたしは憎悪についていく

パーモリーヴに悪気はなかったが、彼女は生き残らなければならなかった。彼女はスペインに、ジェンダーの役回りが限定される母国にいたくなかった。かといってパンクのフォロワーになることも望んでいなかった。「同じことだった」とパーモリーヴは言う。「**個人的に受け止めないで**――わたしは自分自身の人生を生きなくちゃならない。ほかの誰かの人生を生きるのは無理。自分自身を失いかけているという感覚があったし、わたしはそれをがっちりつかまなくちゃならなかった。それを守る必要がある、とても強くそう自覚していた」

〝アドヴェンチャーズ〟について、「自分はいくつかのことをあとにしつつあって」とパーモリーヴは言う。「何かを探しているけれども、それが何かはわかっていない状態。あれは自分にとって大切な曲だった。あのターニング・ポイントを越えるのを助けてくれた。あの曲はわたしの心のなかで元気に息づいていた。『これはヘルシーなことだ』、そう思った。とても強い、順応せよとの引力にわたしは抵抗していた。わたしは哲学に、そして人々がどんな風に考えなぜそう考えるのかに興味がある。自分が生きている理由の一部がそれだ——『人生ってどういうこと?』と疑問を投げかけようとする、という。人間誰しも食べなくてはならないし、わたしたちには水を飲む必要がある。で——何も生きるために必須なニーズではないにせよ、それでもやはりニーズであるのに変わりないのは——自分自身を悟り、自分は何者なのか、なぜ自分はここに存在するのかに気づくことができる、ということ」

パーモリーヴにフロントパーソンになる意思はまったくなく、そこでジーナが〝アドヴェンチャーズ〟を歌うことになったが、ドラムは非常に鮮明にハーモニーを添えていてそれ自身が声を備えているように響く——パーモリーヴがドラムを演奏するたび、彼女はデュエットしている。その流動的なドラム・ロールは、ある意味この歌の主体であり、彼女の歌詞と同じくらい雄弁にパーモリーヴの人生のストーリーを語る。〝アドヴェンチャーズ〟がどこに向かっているのか聴き手にもよくわからない――彼女の人生のなかで、パーモリーヴ自身も見極めようとしていた。ときおり彼女も、自分は何者かの感覚をつかむことがある。その感覚はたちまち消え去ってしまう。〝アドヴェンチャーズ〟という曲は、彼女いわく「蒸気みたい」だったこともときにあった、自己の感覚へと彼女を導いていった。

何かを見つけようとしている
ハートを動かしてくれる何かを
わたしは自分自身を見出した
けれどもわたしの最良な所有物は
陰りのなかへと歩んでいった
そして流れ去ってしまうぞと脅してきた

音楽的に言って、〝アドヴェンチャーズ〟はポスト・パンク以上の何か――反パンクで反ロックだ。それは「クロース・トゥ・ホーム（家に近い）」であり、断固として過去との接触を保っている――ホームシックとすら言える。ディランに「家への帰り道はなかった（ノー・ダイレクション・ホーム）」し、ラモーンズは「家を出ろ（リーヴ・ホーム）」と言った。「家の近くで繰り広げる冒険（アドヴェンチャー・クロース・トゥ・ホーム）」なるコンセプトは、これら古典的なアウトロー――いずこともなく転がり続ける石たち――のとるポーズ、実に数多くの男性反逆者の物語を活気づけるポーズの対極にある。ロックの教典から距離を置きたいというレインコーツの欲求は、この四単語にはっきり現れている。パーモリーヴのこの歌は、自分自身の内面で行くことのできる様々な場所、内なる冒険に努力しながら向かっていくことについての歌だ。

パーモリーヴはむしろスペインの詩人とフォーク歌手に霊感を受けた。「ガルシア・ロルカはわたしの血のなかに流れている」と、彼女はフランコ政権に銃殺された詩人・戯曲作家について語る。パーモリーヴはロルカのカラフルな言葉遊びとそこにこめられた痛烈な政治的メッセージを愛した。前衛的な「二七年世代」（※一九二七年に公式に始まったスペインの前衛文学運動。アート全般にわたったものでダリ、ブニュエルらも含まれる）はパーモリーヴの心に強い印象を残したし、それは一九六九年に発表された、詩人アントニオ・マチャードの文章を翻案したホアン・マニュエル・セラートのレコードも同様だった。パーモリーヴの大好きなマチャードの詩、セラートにも歌われた一篇は、スペイン内戦へとつながった政治的な分断を喚起する。

今日《こんにち》、生きたいと思い、
人生を踏み出しはじめたスペイン人がいる
ひとつのスペインが息絶えつつあり
もうひとつのスペインがあくびをしているその狭間で。
たったいまこの世に生まれつつある小さなスペイン人たちよ
神があなたたちを守ってくれますように
あれらふたつのスペイン
そのひとつはあなたの心を凍りつかせることだろう。

「彼があそこで語っていたのは共産主義者とファシストのこと」とパーモリーヴは言う。「自分がロンドンに着いたとき、リフレッシュされるなと思ったのは当然の話だった。本当の自由は政治のなかには存在しない。政治はわたしの心を凍らせる」

すっかりひとりよがりで、わたしはあなたを捨て去った

そんなことが自分に可能であるかのように
キホーテの夢に取り憑かれ
ドラゴンに闘いを挑みに向かった
コンクリートの国で

パーモリーヴのルーツは、ヴァースの半ばに登場するドン・キホーテへの呼びかけでも姿を見せる。『ドン・キホーテ』のなかで、彼は完全に利他的。彼は本を読み、この世界を救おうと考える。彼は出発し、風車に怪物を見出し、物事を正しくしようとする——でもときに、物事は是正する必要がないことだってある。トライするたび、彼は事態を悪化させてしまう。成長していくなかで、わたしたちはこの世界をよりよいものにしたいと思った。わたしには、家の台所で兄弟姉妹と交わした会話から得た、家族や社会に存在する不平等とどう闘うべきかに関する非常に強い感覚があった。わたしはロンドンにいる自分を眺めていた——状況は違うけれども、本質的にはそこでも同じこの、世界をもっといい場所にしたいというクレイジーな夢を追っていたし、自分のエモーション、ある日はわたしにこれをやれと言ってきて、別の日にはあれをやれと言ってくる感情と取っ組み合ってもいた。ある日の自分は愛したいと思い、また別の日は憎みたいと思う。わたしはこのドン・キホーテな夢を追っていた。そう言葉にして言うことで、どういうわけか形を伴うようになる。あれはわたしの成長を助けてくれた」

「混乱させられたとき、人はトラウマを潜ることになる」とパーモリーヴは言う。「それを言葉に書き記すのが非常に癒しになるのは、その行為を通じて自分自身を外に引っ張り出すことになり、そしてそれに対してどうしたらいいか決めるのに役立つから。そうやってはっきりさせているわけ、『これはこういうことだ』と。もう〝ショップリフティング〟の自分ではない、と」

スペースウォード

スペースウォード――レインコーツが〝フェアリーテイル〟を録音したケンブリッジの地下スタジオ――で、トラヴィスとトンプソンは北アイルランド出身の荒々しいパンク・ロック・バンド、スティッフ・リトル・フィンガーズのデビュー・アルバム『インフラマブル・マテリアル』をプロデュースした。トラヴィスに同作のプロデューサーを依頼したのはスティッフ・リトル・フィンガーズだった。同時に、トンプソンはロンドンのバンド、ザ・モノクローム・セットのデビュー・シングルのプロデュースを持ちかけられていた。トラヴィスに音楽プロデュースの経験はなかった。こうしてトラヴィス／トンプソンのプロダクション面でのパートナーシップ――トンプソンいわく「彼の非の打ち所のない直観とわたしの度胸の組み合わせ」――が生まれ、両者は一連の〈ラフ・トレード〉レコードの古典を共同プロデュースしていった。

〝フェアリーテイル〟のデモ録りのために、レインコーツは一九七八年十一月にスペースウォードでおこなわれたスティッフ・リトル・フィンガーズの『インフラマブル・マテリアル』制作用のスタジオ時間の余りを使わせてもらった。その『インフラマブル・マテリアル』が全英アルバム・チャートの十四位を射止めたとき、〈ラフ・トレード〉にとって、自主制作レコードはメジャー・レーベルの補佐なしでも商業的に成立することが証明された（この時点までにいずれもメジャー・レーベル所属になっていたセックス・ピストルズ、クラッシュ、バズコックスが示唆していたことに反して）。『インフラマブル・マテリアル』の成功により、〈ラフ・トレード〉は『ザ・レインコーツ』のようにもっと収益率の低い作品のリリースを続ける自由を得た。

「我々は生意気にも、自分たちは実際に誰かをプロデュースできるといい気になっていた」とトラヴィスは言う。「とんでもない話だね、まったく。実は誰も自分が何をやっているかわかっちゃいない、あれはそういう領域のひとつだったわけで。レコードのプロデュースに関して、わたしはきみと同じくらい何も知らないよ」。トラヴィスの共同プロデューサーにはもっと確信があった。「自分はスタジオに面食らうとか、恐れおののくことはなかった」とトンプソンは言う。「ああいう場所に臆しなかった。母親はわたしに何も恐れるなとしつけて育ててくれたんだ。怖いもの知らずはときに愚行でもあり、おかげで色んな目にあってきたよ、でもあれらの状況においては恐れ知らずでいることは絶対に損ではなかった」

メイヨ・トンプソンはテキサス生まれで、一九六〇年代には枯れたサイケデリアと不条理なDIYアプローチの先駆者にして〈インターナショナル・アーティスト〉レーベルでザ・13ス・フロア・エレヴェイターズと肩を並べたバンド、レッド・クレイヨラを率いた。彼にはトリックスターのカリスマが備わっている。まるでカントリー・ウェスタン映画のセットからふらっと抜け出てきたような話しぶりで、愛嬌のある独り語りを展開しがちだ。トンプソンが一九七〇年にリリースしたソロ・デビュー作『コーキーズ・デット・トゥ・ヒズ・ファザー』はややひしゃいだ、ハードボイルドなアメリカーナを凝縮したカルト作であり、こんな風にはじまる――「わたしは人間の本質を学ぶ学生／どの授業も無料で受けてきた」。ニューヨークでコンセプチュアル・アートのグループであるアート&ランゲージに一時的に参加し、ネオ・ダダイストのロバート・ラウシェンバーグのスタジオ助手を務め、いわく「過去とのつながりをすべて断ち切った」ところでトンプソンはロンドンに移った。七九年までに、彼は〈ラフ・トレード〉の「スポークスパーソン」およびA&R役を果たすようになっていた――海外からの駐在員、経験のある長老だった。

「あの頃は本当に倫理的な、道徳観を備えた環境が制作作業に影響していた」とトンプソンは言う。「プロダクションにイデオロギー上のエッジがあった。セル・アウトしたと見られかねなかったからね」。強烈なアート・シーンの数々を充分味わってきた人物だけに、理想主義がどんなものかトンプソンは承知していた――彼はいつ果てるとも知れない政治議論への関与を避けようとしていた――とはいえ、〈ラフ・トレード〉がいかに正統な理想を提示したかは理解していた。「何かをやろうという本物の意思があった」と彼は言う。「本当の意味での政治が存在した。様々な結果をもたらす何かをやるのが人々にも可能だった。何もかもにこのエッジが備わっていた。そのエッジはあらゆるナンセンスをやることに、あらゆる矛盾に値する。矛盾こそ前進の手段だ。矛盾を受け入れる。それを高めて、さあ、レッツ・ゴー。動きが起こるのはそこでなんだ」

「当時の〈ラフ・トレード〉周辺には本物の興奮があった」とトンプソンはつけ加える。「あのBBCすら嗅ぎ回りはじめて……」

事実、スペースウォード・スタジオにやってきて、〈ラフ・トレード〉に関するテレビ番組向け映像を収録したのは少し前にBBCを離れた撮影班だったし、その模様は三月に『ザ・サウス・バンク・ショウ』で放映された。番組ナレーターの非常に生真面目かつプロフェッショナルな口調は、〈ラフ・トレード〉という企てそのものを異色に感じさせる。

〈ラフ・トレード〉は、標榜するアンチ商業主義の信条を録音スタジオにまで持ちこむ。彼らが長屋住宅の一軒の地下室でレコーディングすることにしたのは資金不足ばかりではない。彼らはポリシーとして、手作りされたスタジオでドゥ・イット・ユアセルフのレコードを作るのだ……音楽が商品と化し、サウンドが販売と結びつく場がスタジオだ。しかし〈ラフ・トレード〉が発表するレコードのサウンドは荒削りで聴きにくく、意図的に不快ですらある。スタジオ技術を用いて所属グループを聴きやすいものにすることを彼らは拒否する。

番組の映像は薄暗いスタジオの光景――宅録時代が訪れる前の話だけに、視聴者に好奇心を掻き立てたのは間違いない――にカットする。最初に目に入るのはアナの姿で、スタジオのマイクをテストしているという現実の違和感を物語るかのごとく、彼女は照れくさく微笑み、笑う。エンジニアが「どこまで調子外れにやれるか、いっちょやってみよう」と声を発する。

録音テープが回るにつれ、驚きの感覚がスクリーンからこちらに向かって飛び出してくる。完全にアトーナルなヴァイオリンの弾くラインが耳に触れたところで、エンジニアとジェフは見つめ合い、両者の目は途端に大きく広がり、感嘆に満ちていき、彼らは笑い出し、あんぐり口を開ける。ヴィッキーはそこまで魅了されてはいない。「まあOKかな、ちょっと高音過ぎる」と彼女はあとでコメントを残す。「少し鉄線っぽいかも……」

『ザ・サウス・バンク・ショウ』で、ジェフとメイヨは小規模レコーディングの美徳に関して熱弁をふるい続け、レコーディングのプロセスにまつわる神話を解体していく。「それまであまり贅沢とは言えない環境にいた人々を非常に高くつくスタジオに入れて、すごい量のテクノロジーとプロの仕事人で囲むと、彼らは萎縮させられてしまう」とトラヴィスは言う。「我々は何もラッダイトではないんだ。機械を叩き壊して一七世紀に戻ろうなんて思っちゃいない。ただ我々は、自分たちにも理解でき、習得できるコンソールを使い、制作過程について学べる方がより満足できる気がする」

トンプソンにとって、典型的なスタジオ内での序列は息苦しいものだった。「大抵、エンジニアが作業の中間地点でくちばしを突っこんできて対立する場面に出くわして、そこでどうにかその意見に耳を傾けようとする羽目になる。エンジニアの領域には近寄れないし、こちらに音の響き方を変えることはできない。非常に打破しにくい一連の力関係を組み立ててしまう、指令系統があるんだよ。それも、ここでならずっと楽にこなせる。はるかにアクセスしやすい」。実際、レインコーツは自分たちのサウンドを自らコントロールし、意図的に一、あるいは二テイクだけで楽曲をトラック・ダウンしていった。『ザ・サウス・バンク・ショウ』はレインコーツの面々が積極的に自らのレコーディング音源を論じる姿を映し出した。彼女たちがスタジオ作業をおこなう際は、全員がミキシング卓にそろい一緒に取り組んだ。

トンプソンは、たとえばクラッシュのようなもっと如才ないグループがどれだけ、明らかにアメリカ人リスナーを念頭に置いてプロデュースされていたかを不快に思っていた。「(クラッシュの言い分は)一定のやり方で自分たちがプロデュースされない限りアメリカ人の耳には届かない、だった」とトンプソンは言った。「あたかも、こう(指をパチンとはじく)、彼らの耳がぱっと閉じてしまうかのように。で、それは違うとわたしは思う。問題の対処の仕方としては、それは間違いだ」。ジェフも同意した。「それをやらないのは、音楽市場で生き残るチャンスを自ら切り捨てることにほかならない、誰もがそう考えている。で、それこそ我々が闘おうとしている事柄のひとつであってね。我々が言わんとしているのは市場とはにせの創作物であり、選択肢がもたらされたら人々は実際に何を求めるか、そのリアリティとはほとんど関係のないものだってことなんだ」

＊

四月二十八日に、『フェアリーテイル』EPは『NME』の「シングル・オブ・ザ・ウィーク」の座を勝ち取った――トラヴィスによれば、それは「本当に大きな達成」だった。見出しは「新たなる黄金時代の到来――公式声明です」と謳った。「シングル・オブ・ザ・ウィーク」獲得は自信をもたらすだけではなく、れっきとしたセールスにもつながった――〈ラフ・トレード〉側には一作の優れたレコードを五千から一万枚近く売ることができた。「あれは、そのアクトには実際にオーディエンスが存在するのを意味していた」とトラヴィスは言う。「ライヴをやりに行けば、観に来る人々がいる、と。自分自身の軌道に乗れるんだよ」。『NME』のポール・モーリーはこう書いた。

ぼくは実に幸せだ。このゴツゴツと骨ばった、ノイジーな〈ラフ・トレード〉発のマキシ・シングル……ニコがエレクトリック・ギターをバックに歌って以来、もっとも華奢でもっとも苛烈な音楽のいくつかがここにある。これら三トラックの爆発には、ここ最近リリースされたアルバムの大半よりも大きなハプニングと騒音が含まれている……(これらの楽曲は)あなたに何も思い起こさせない。ぼくの今年もっとも好きな新人グループの座をめぐり、レインコーツを負かせるのはルーダスとエッセンシャル・ロジックだけだ。このEPとパティ・スミスの新しいシングルを続けて聴いて、スカッといい気分になろう。

一九七九年に、レコードは次々にリリースされた。ジャンルの変容のスピードも速かった。モーリーにとって、レインコーツは「どこかしら、歴史の外側から宙返りして入りこんできたように聞こえた」と現在の彼は言う。「どこからともなく新たな文法がやってきたというか、一群の新たな母音と子音、音の増幅・質感・空間の新たな用い方、そして新しいパンチ・ラインの落としこみ方が登場したようだった」

レインコーツはポスト・パンクの折衷性を象徴したとはいえ、モーリーは彼女たちを唯一無二の存在と見ていた。「彼女たちは感覚を研ぎ澄ましてこの世界を別の視点から見るために、音楽をとても真剣に捉えている人たちだ、という感覚があった。けれども、そこには自分たち自身をシリアスに受け止める面は一切なかった」と彼は言う。「レインコーツは明らかに自分たち自身の内側からサウンドを見出したし、それはインクレディブル・ストリング・バンド、アン・ブリッグス、オーネット・コールマン、スクラッチ・オーケストラ、そしてリー・〝スクラッチ〟・ペリーらからこぼれ落ちてきたらしかった——彼女たちがヴェルヴェッツやパティ・スミス、『スパイラル・スクラッチ』（※バズコックスのデビューEP）から想を得たのと同じくらいに」とモーリーは言う。また彼は、レインコーツが「ポスト・パンク」だとしたら、「彼女たちはまた、ポスト・フォーク、ポスト・サイケデリック、ポスト・ポップ・アート、ポスト時空、ポスト・ダブ、ポスト・フリー、ポスト・ファッション、ポスト・グリム童話、ポスト・不思議の国のアリス、ポスト・アンジェラ・カーター、ポスト・あれやこれやだった」と述べる。

しかもそれだけではない。「（同じくらい）重要なのはサウンドだけではなく、彼女たちが何を語っていたか、そしてその言い方だった」とモーリーは言う。

『ザ・レインコーツ』は当時の〈ラフ・トレード〉が表象していた何もかもを体現した。思慮深いボヘミアン主義――そこにはパンクスも、社会主義者も、ヒッピーも、ビートニクもいた――の象徴として、〈ラフ・トレード〉とレインコーツはアート、好奇心、共感を、既に変化していたパンク文化と同義にしていった。情報センターのごとく、〈ラフ・トレード〉はパンクを知的な探究の場へと、それを通じ尽きせぬ様々なアングルから人生に疑問を投げかけることのできる装置に仕立てた。〈ラフ・トレード〉とレインコーツの世界のなかで、パンクは招待状として解釈された。それが引き出したのは燃えるように激しい個性――おきてを持たない、ひとつきりの表層やサウンドに留まらないアクション――だった。

同志たち

パーモリーヴはスリッツに自作曲〝アドヴェンチャーズ〟の録音を許可したが、ただしスリッツで歌った経験がなかったベーシストのテッサ・ポリットがヴォーカルを担当するという条件つきだった。パーモリーヴはテッサ――スリッツの前にはパンク以前に結成された全員女性のバンド、ザ・カストレイターズ

（※去勢する者たち）のメンバーだった――には、この歌にこめられたエモーショナルなメッセージに必要な感性とさりげなさが備わっていると感じていた。それぞれに〝アドヴェンチャーズ〟を解釈していくなかで、レインコーツとスリッツの話し合いは持たれなかった。実際、両バンドの間の相互交流はほとんどないに等しかった。にも関わらず、音楽メディアはレインコーツをスリッツや女性がリードするそれ以外のバンドと執拗にひと括りにしたし、批評家やファンジン勢が両バンドの〝アドヴェンチャーズ〟解釈を対比させることでその話題を持ち出すのはめずらしくなかった。

一九七九年二月のライヴ評で、『NME』のエイドリアン・スリルズはレインコーツのステージ上での佇まいを「ぎこちなくアセクシャルな意味でオープンかつ清々しい」と評し、また「スリッツとの更なる比較は（我ながら承知の上だが書くと）フェアではないとはいえ、やはり避けがたい」と記した。ペニー・カイリーによる肯定的なレヴューの書き出しは「レインコーツは本家に劣るスリッツなどではない……両者の比較は避けようがない」だった。『タイム・アウト・ロンドン』が『ザ・レインコーツ』評を掲載した際の見出しは「ハイジャックされたスリッツのデモ・テープ、ノッティング・ヒルに出現」だった。

「女の子バンド」をひとつのトレンドに仕立てる記事は絶え間なく登場した。そうした記事のひとつで、『ニューヨーク・タイムズ』紙のジョン・ロックウェルはレインコーツをスリッツ、エッセンシャル・ロジック、ディッシュラグスらと並び評しこのように書いた――「レインコーツを……筆者はここ最近聴いた女性のバンド群のなかでもっとも魅力的だと思う……彼女たちのファースト・アルバムもスリッツの音楽を構成しているのと同じ影響源のミックスを扱っているが、それをはるかに確信的かつ効果的にやっている」

こうした比較論には胡散くささがつきまとう。一九七九年までに、レゲエへの重点とスタジオで比較的クリーンに整えたサウンドがスリッツを特徴づけるようになっていたし、パーモリーヴの後任のバッジー――その後スージー・アンド・ザ・バンシーズに加入――はスリッツの楽曲により堅固な中心をもたらした。スリッツ版の〝アドヴェンチャーズ・クロース・トゥ・ホーム〟の方が力強いとはいえ、しっかりしたドラムスは逆に弱々しく感じられる。パーモリーヴのドラミングはむしろ詩的で、『ザ・レインコーツ』のありのままの傷つきやすさに貢献した。両グループのサウンドは似ても似つかないものだった。

＊

レインコーツにとって美学面でより相補的な存在だったロンドンの同期生は〈ラフ・トレード〉所属の男性バンド、彼女たちの「にわか仕立ての、崩れ落ちそうな」仲間たち――スクリッティ・ポリッティ、スウェル・マップス、ギャング・オブ・フォー——であり、彼らは友人でもあった。よく一緒にライヴもおこなった。スクリッティのグリーン・ガートサイドは、パーモリーヴのふらつく、巧みな創意に富んだドラミングがどれだけ彼女たちの最大の強みのひとつであったか理解していた。レインコーツともっと理論執着型だったスクリッティとは、当時「美学面での決定子」を共有していたとガートサイドは言い、そのひとつが「〝本物の〟ドラマーのたしかさを避ける」だった。スクリッティもレインコーツも崩れたサウンドを享受した。『ザ・レインコーツ』について、ガートサイドは「あれは非常に不完全なものだ」と言う。「故意に、かつデフォルトで、ぼくたちは完成度が高い種類の音楽を作っていなかった。ぼくたちはどぎついほど確信に満ちた響きにしたくなかったし、けれどもまたその一方で、強烈な確信を備えたサウンドを出すのは自分たちには無理だったわけで」

「『ザ・レインコーツ』は、ぼくたちが〝統合されない自己〟と呼んでいたもの、その素晴らしい声だ」とガートサイドは続ける。「誰もがこの、堅固な、単一の、自信にあふれた人間なる概念から離脱しようと躍起だったし、あるいはそれを脱構築しようとしていた、と言ってもいい——我々はそういう存在ではなかったからね。それは神話だったんだ。レインコーツはその手の、大文字ではなく小文字のpではじまる〝個人の政治《ポリティクス》〟を実に見事に表現してみせたし、正統的な慣例に挑戦した。葛藤が耳に聞こえるんだ——その〝統合された自己〟なるものの過剰な負担相手の葛藤、そこから逃れようというあがきが」

この分裂のムードを祝福するべく、『ザ・レインコーツ』の初回プレス・アナログはガートサイドの書いた銘刻をフィーチャーした。それは「神話とメロディの構築および脱構築（The Construction and Deconstruction of Myths and Melodies）」だった（裏面には「グリーンは最高（GREEN IS FAB）」の文字が引っ掻いて書かれており、また表に「自分で自分を繕うこと（Doing One's Mending by Oneself）」、裏に「何を縫うの？／だから何？（Sew What?）」のフレーズを含む別プレスも存在する）。彼の書いたこのテキストについて、ガートサイドは詳しく語ってくれた。

「脱構築」はもちろんジャック・デリダに由来するもので、彼の著作はラカンそしてフーコーと共に一九七〇年代のロンドンの一部のサークルで盛んに議論された——ほぼ理解されていなかったけれどもね。彼らのおこなった仕事は意味、起源、アイデンティティにまつわる前提のいくつかを批判する役割を果たすもので、また音楽と音楽家に対するロマン派主義の概念を批評的に弱体化させるものでもあった。

ご存知のように、ロック・ミュージックは真正性とアイデンティティの保証という点から考察されてきた。「アーティスト」というものに対する概念、すなわち彼らは「自己に忠実」であり、そんな彼らの作る音楽は聴き手に本物の、媒介を間に置かない自己という存在……真実を保証してくれるものである、と。

さて。レインコーツは、本質あるいは保証なしの世界に鋭くチューニングを合わせているようだった。意味性が不安定な世界に。葛藤と緊張が、恐れられるのと同じくらい祝福されるものである場所に。我々の「リアルな」世界に。すっかり失われてしまった世界に。

たとえば、どうやったら一般的なやり方で〝フェアリーテイル〟のメロディを楽譜に起こせるものかぼくにはわからないし、あの曲の意味を明瞭に述べることもできない。物事を解体することを通じて、レインコーツは希望を築きあげた。ぼくがあの八つの単語で言わんとしたのはそういうことだった。

*

〈ラフ・トレード〉周辺の環境はあらごしらえで反プロフェッショナルだったが、意図はしっかりあった。「グラマラスな魅力は課題に含まれていなかったけれども、スタイルは間違いなくそこに入っていた」とシャーリーは言う。「アプローチとしては、情熱に駆られ、好奇心に満ちたクリエイティヴな探究および介入を作り出すこと、その実践により重きが置かれていた」。スウェル・マップスはこの点を一種謎めいた、全員で共作したレインコーツへのオマージュを通じて表現してみせた。『レインコーツはポップ・スターである――言葉と音楽によるトリビュート』と題された以下の文章は『NME』に掲載された。

そう、レインコーツの連中はかなりいかしてる
彼女たちの友人も何人かは粋だね
彼女たちはウェストボーン・グローヴをうろつく
しかもバカげた服を着ていてね
彼女たちは踊れる歌をプレイし
しかも本当に雑草みたいに見える
彼女たちは地下室でぶらぶら過ごし
そして車であたりを乗り回す

スウェル・マップスのジョー・ヘッドは説明を加えてくれた――「大概、ぼくらは自分たちのセレブ性のなさをからかい合ったものだったし、互いにみすぼらしさを較べっこして……だからあの文章は部分的には、レインコーツに一般的な意味での性的魅力が欠けていた点、そこを讃える試みだったし、また、

ポップ・スターが作られるプロセス全般に対する風刺の面もあった……あの当時ぼくたちは全員、ほぼ同じ段階にいて学んでいた——音楽、パフォーマンスすること、そして人生について」。スウェル・マップスはまた、一九八〇年発表のアルバム『ジェーン・フロム・オキュパイド・ヨーロッパ』収録の、エピック・サウンドトラックスが書いたピアノ・インストの最終曲を〝ア・レインコーツ・ルーム〟（※再発盤では〝レイニング・イン・マイ・ルーム〟に改題）と名づけた（「あのタイトルはジーナに捧げられたものだったと考えていいと思う」とヘッドは言う。「エピックはとりわけ彼女がお気に入りだった」）

レインコーツはたしかにパーモリーヴを介してスリッツとつながっていたとはいえ、一方で彼女たちはメイヨ・トンプソンの新装版レッド・クレイヨラともメンバーをひとり共有していた。レッド・クレイヨラは一種の〈ラフ・トレード〉スーパーグループになり、ジーナがベースとヴォーカルを担当し、ローラ・ロジック、エピック・サウンドトラックス、ドラマーのジェシー・チェンバレン（元ザ・ネセサリーズ）をフィーチャーしていた。パンク・シーン内では、ジーナ本人はヴィック・ゴダードの率いたサブウェイ・セクトのようなバンドに惹かれていた——パフォーマンス時、彼は歌詞を書いた紙を目の前に置いて演奏したものだった。「サブウェイ・セクトはこの、靴をステージの上に接着剤で貼りつけるってアイディアを思いついてね、演奏する段になるとメンバーはそこにすぽっと足を入れて、誰も動き回らないようにしたっていうわけ！」とジーナは言う。「ああしたすべてがとてもモダンだったし鼓舞された」

七九年五月、レインコーツはシックなスイス出身のパンクスで〈ラフ・トレード〉のレーベル・メイトでもあったクリネックスとツアーをおこない、英各地を二十日間回った（ツアーのトリはインダストリアル系ダダ・アクトのキャバレー・ヴォルテールが務める予定だった――彼らの名前を告知したポスターや広告は存在する――が、直前にツアーから降りた。理由は彼らがほかの女性たちと旅することにガールフレンド連中が難色を示したからだったと言われる）。この組み合わせは納得だった――クリネックスの生々しい破壊性の中心には本物のアナキーが据わっていた――ものの、メディアは二バンドの共有していた本質を見落とした。『メロディ・メイカー』掲載の同ツアーのバーミンガム公演評で、「全員女性のバンド二組が主役のライヴで、圧倒的に男性が占める観客は好戦的になることもなく彼女たちを楽しんだ」とマーティン・キュラックは書いた。「このギグでもっとも重要な点はおそらくそこだっただろう」

ロンドンでの、スウェル・マップスも加わった同ツアー初日公演――四百五十人近くのライヴ客が集まった――終了後、ジーナはバンドのツアー・ダイアリーにこのように記した。

〈アクラム・ホール〉はわたしたちには見ず知らずの人々でいっぱいだった。いつも観にきてくれた人を、自分はほぼ誰ひとり見かけなかった。スウェル・マップスの演奏に合わせて踊っていたのはジェフとあとふたり程度。じっと突っ立ったままの観衆の海面に、跳ねているジェフの頭が飛び出す様が目立っていた。「誰も彼らを理解していない」というのは本当だったんだ！　それでも素敵な一夜だった。彼らもこのツアーに同行してくれたらいいのにと思う。ウェンディは完璧なギグだったと言ってくれた。彼女がこんなにギグをエンジョイしたのははじめてだ、と。おおむね人々の感想は良好、お褒めの言葉をいただいたが、なかにはわたしたちがロンドンの外に出たら、オーディエンスの反応は悪いものになる、もしくはわたしたちにまったく反応しないのではないかとかなり懸念する者も数人いた。さて、どうなることやら！

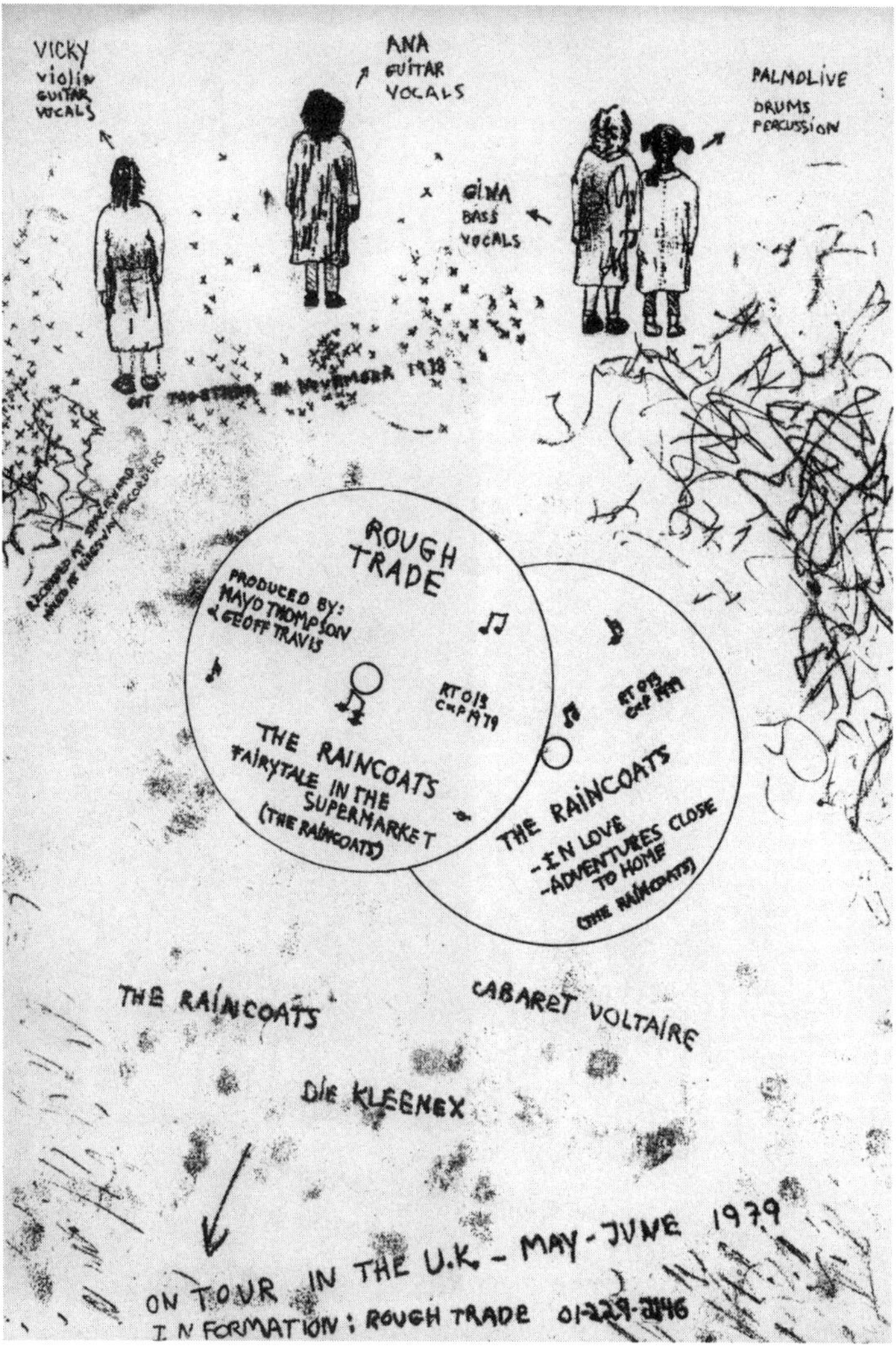

ツアー・フライヤー（制作：アナ・ダ・シルヴァ）

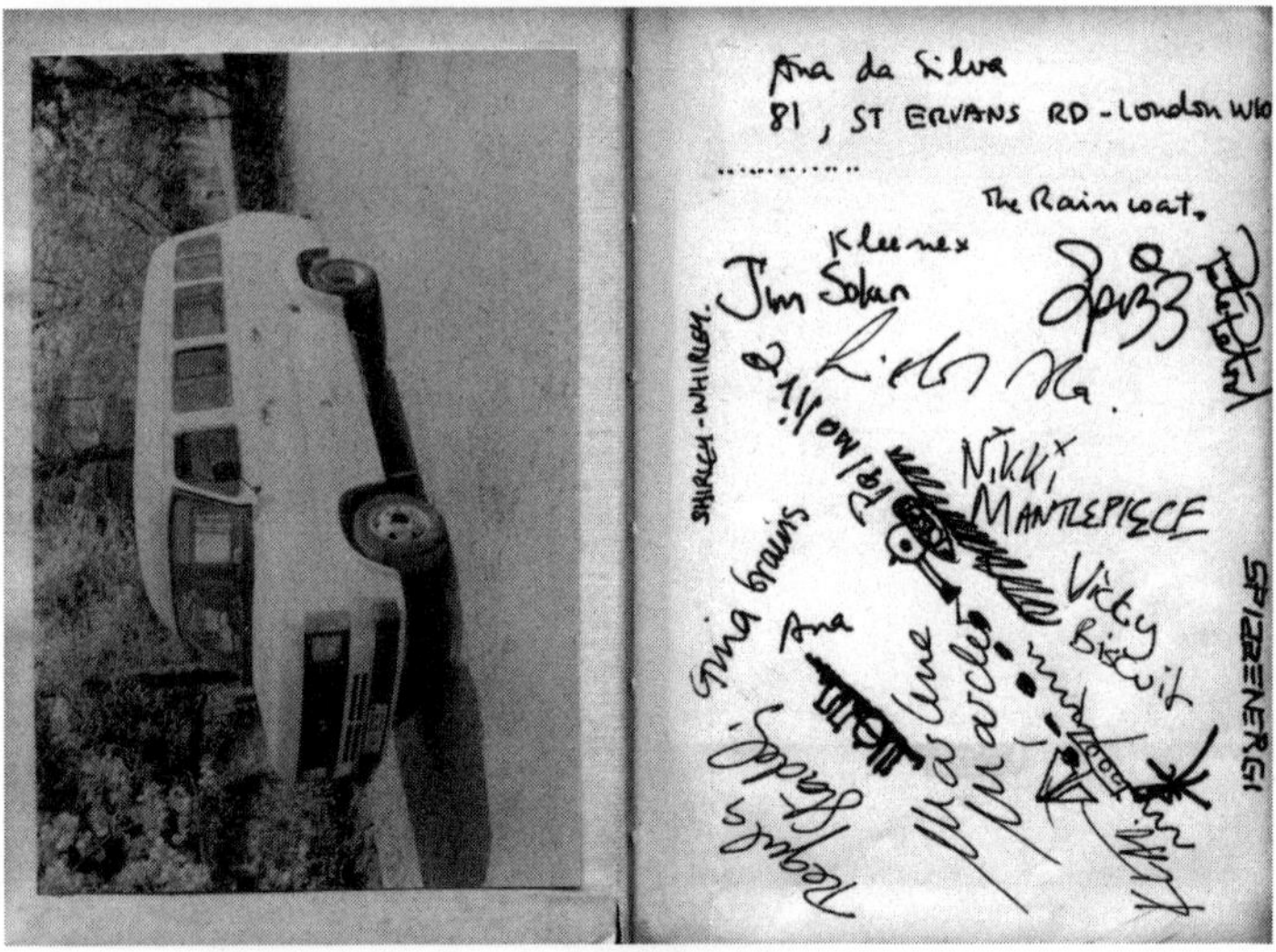

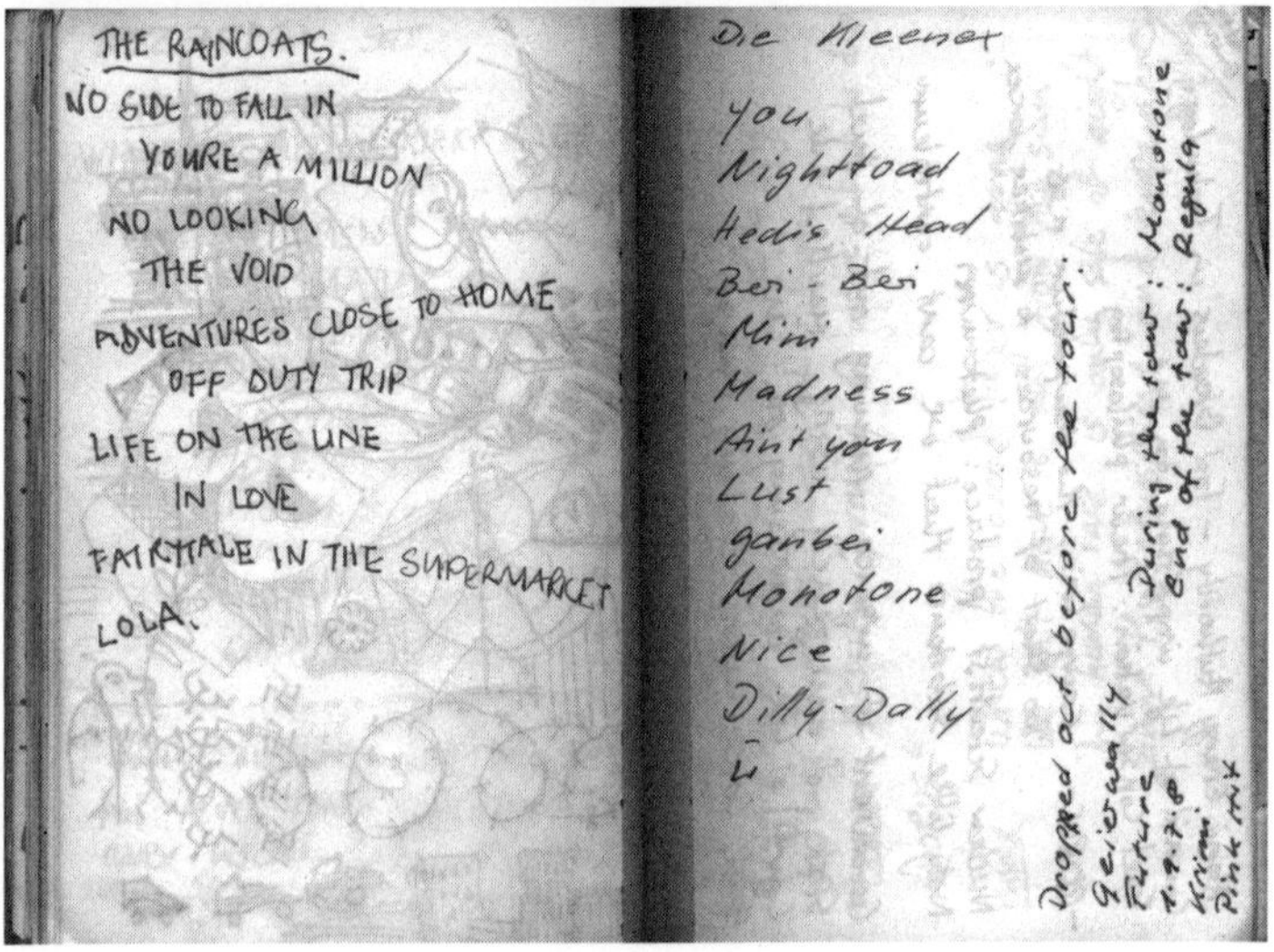

レインコーツ／クリネックス・ツアーのダイアリー

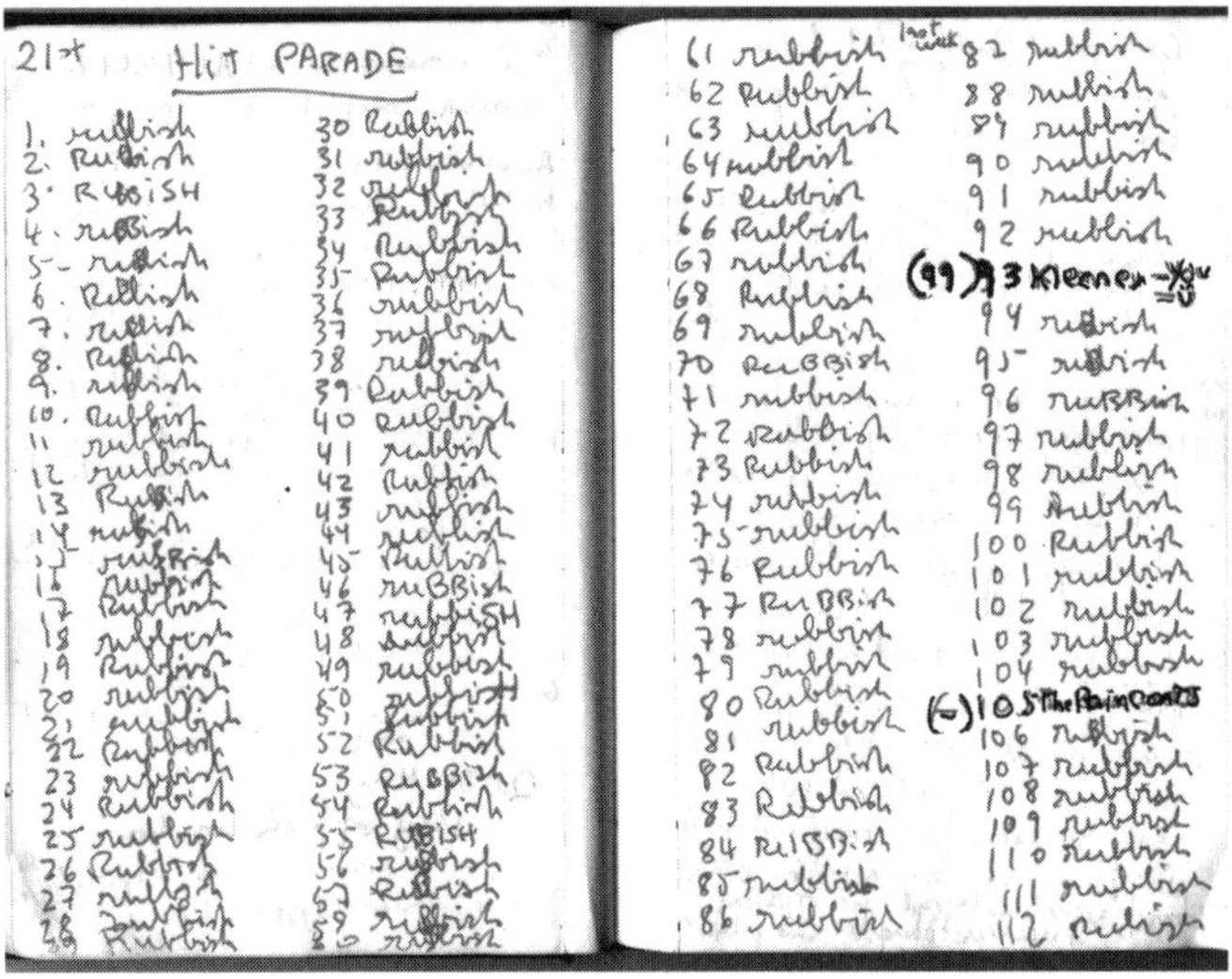

レインコーツ／クリネックス・ツアーのダイアリー

ツアー中にフォト・ブースで撮影

4　Four

ノー・サイド

わたし、わたしには外側で鳴っている音楽が聞こえる
外、わたし、そして音楽
内側、内側
どの側にも収まれない
生きるための転落はやってこない
わたしの心がじっと落ち着くまで
わたしの心、わたしの人生
でもわたしは、わたしは気にしちゃいない
少なくとも今日は、今日一日は！

〝ノー・サイド・トゥ・フォール・イン〟は空から響いてくるように、窓辺から誰かが叫んでいるように聞こえる。ボーダーレスで境界線がない。一分五十秒と『ザ・レインコーツ』中もっとも短い歌だが、それでも短い尺のなかを降り注ぎ続ける。驚嘆の感覚と蜘蛛の巣のような声の数々があり、そして生きている。これは**サウンドのなかに落ちて行くこと**についての歌だ。音楽の内側にいれば、音楽をより感じることができるのだろうか？〝ノー・サイド〟は、その謎解きに乗り出した四人の女性の姿を描く。「**見上げればそこに海がある／可能性でいっぱいの海が**」——パティ・スミスがこの歌詞で言っていたのがこれだ。

一九七九年に『ザ・レインコーツ』の初回プレスが制作されたとき、アルバムのオープニング曲は〝ノー・サイド・トゥ・フォール・イン〟だった。最初に耳に入ってくるのは空白を縫ってヴィッキーのヴァイオリンが金切り声で聴き手に斬りこんでくるサウンド、そしてぱらぱらと机に落ちた鉛筆のように響く困惑させられるほど短いパーモリーヴの叩くパーカッション。それらの上空を浮遊しながら、ベースは愛らしくニュアンスに富んだメロディを歌う。半ばあたりでピチカートと古く異質なキーボードとが騒々しく混ざったサウンドが入ってくる。このキーボードはアナがポートベロー・ロードの蚤の市で、部品が欠損していたために安く購入したものだった（ふたも外れていて、内部——すなわち音を出すプロセス——は丸見えだった）。
唐突に楽器群は姿を消し、全員で歌われる、空気のごとく軽くコール＆レスポンスするコーラス部が一気に戻ってくる。ジョン・ケージ、もしくは誰かほかの衒学的なユーモア・センスを備えたその道に精通したミニマリストが指揮した、子供合唱団のア・カペラのように聞こえなくもない。それはある意味ハードコアだ。

＊

この地点に誰かが一九七九年の段階で達するには、その人間は音楽がどうなり得るかについてかなり深く突っこんで考えていた必要があっただろう。コンセプチュアルな傾向を持っていたジーナはそこに達していた。矛盾を好む茶目っ気のある彼女のテイストは〝ノー・サイド〟にはっきり現れている。「わたしはミニマリズムが好きだな、ミニマリズムにはたまに感情が欠けることもあるけれども」と彼女は言う。「感情をこめつつ色んなアイディアを音楽に持ちこむのは重要だった。ミニマル主義な基盤からはじめて、そこにいくらか情熱を加えていくというのが自分の好きなやり方。情熱的なミニマリズム、という」

ロンドンに上京したジーナは、アンソニー・ハウエル率いるパフォーマンス集団、ティング：ザ・シアター・オブ・ミステイクスを観に行き出した――ハウエルはフルクサスに影響を受けた舞踏家で、詩のための抽象的な「指示型レシピ」を作り上げる作業に取り組み、そこからアクションのための「指示型レシピ」を書くにいたった人物だった。ティング・シアターのとある作品、一九七七年の『ゴーイング』ではひとりのパフォーマーが一連の動作を演じる。別の四人のパフォーマーはそれらを眺め、人間電話とでも言うべき身体を用いた伝言ゲームのごとくその動作を真似ようとする。「あれは一個のダンスのようなものだった」とジーナは言う。「あれにはものすごく感動させられた」。ハウエル自身、『ゴーイング』を「生きている彫刻作品」と呼んだことがあった――それは『ザ・レインコーツ』を見事に表した形容でもある。

『ゴーイング』と『ザ・レインコーツ』の共通点は多い。同パフォーマンス集団の政治性はその民主的構造に意識的に体現されていた（五人のパフォーマーはそれぞれが演目にとって決定的な存在だった）。『ゴーイング』のシステムは、間違いがひとつ持ちこまれることで活性化する。パフォーマーたちはおそらく彼らにこなすのは到底無理そうなアクションをやろうと努力するし、同作の成功は各人がお互いとどれだけ息が合っているかにかかっていた。ハウエルは「我々はパフォーマーであって、アクターではない」と述べた。「我々は何かを演じている状態よりもむしろ、存在している状態と関わっている」。潜在意識的にだったかもしれないが、この発想は『ザ・レインコーツ』全般にこだましている。「パフォーマンスの数々は実のところそれ自体は〝ミニマル〟ではなかった」とハウエルは言った。「あれらにはシステムを運営する、ミニマリストな力学が備わっていた」

＊

同様にジーナのダブへの愛情も、〝ノー・サイド〟の大きく開けた、カット＆ペーストなサウンドに聴いて取れる。「わたしはいつももっと空間を持たせよう、と求めていた」とジーナは言う。「一音一音の間にある沈黙も、音そのものと同じくらい大事だと思っていた」。ダブの基本レッスンのひとつ――なんらかの真実が姿を現すまで、引き算し続けよ。レインコーツはもともとドラムが全編を通じて鳴る形で〝ノー・サイド〟を演奏したが、後にそれらを外した。そのゴロゴロいうかすかな雑音はいまだに聴き取れる。ダブの創始者リー・〝スクラッチ〟・ペリーの言葉によれば、「ダブを聴く聴き手は音楽で飛んでいる。ハート、身体、スピリットを音楽にこめれば、飛ぶようになる。なぜなら音楽がなかったら、抑圧と税金で息の根を止められてしまうからね……ダブに耳を傾けているとき、人はそこらにいるクソッタレどもから身を隠している」。〝ノー・サイド〟は飛翔する。

それはかなりメタだ。〝ノー・サイド〟の場合、歌を聴いているわけだが、と同時に我々はその構築と脱構築も耳にする。歌詞の方も、「聞くこと」についてだ。「音楽はあなたの内側にフィーリングを作り出すもので、それらは記憶、悲しみ、幸福感、ノスタルジア、あるいは苦悩等」とアナは言う。「わたしには表で音楽が聞こえた——ストリートでね」。これはデュシャン経由でケージからもたらされたダダ理論だ。〝ノー・サイド〟は七七年型パンクの廃棄物圧縮機ノイズのX線写真のようなものだし、かつ、あの時期のニヒルな美学を象徴した三部作「ノー・ファン（楽しくない）／ノー・フューチャー（未来がない）／ノー・フィーリングス（何も感じない）」（※いずれもピストルズが歌ったフレーズ）をたちどころに逆転させる。〝ノー・サイド（どっちの側でもない）〟のは楽しい。それはフィーリングに満ちている。そのハートは未来を、たとえぼんやりとしたものでも、未来を夢見る——それは、家父長制によって削除された者にとっての生き残りの戦術だ。

「たまにあなたも、少しネガティヴに感じることがある」とアナは言う。「けれども、たとえちょっと悲しい響きの歌だとしても、希望を抱くこと、そしてその希望を描き出すことは大切だ、わたしは常にそう感じてきた。曲は『わたしは気にしちゃいない／今日は！』と締めくくられるし、それは明日が今日とはまた別の日だから。明日は今日と違う、明日はよくなるかもしれない。わたしはいつも、物事はどうにかまるく収まるものだ、そう信じようとしていた」

『ザ・レインコーツ』はミニチュア版の映画上映プログラムのように聞こえる作品だ。『ザ・レインコーツ』の歌詞のクールな簡潔さはシンプルながら力強いイメージを引き起こすもので、たちどころにイマジネーションに訴えかけてくる。彼女たちの視線を通すことでより興味深く、あるいはエキゾチックに、あるいはロマンティックに、もしくは悲惨に感じられるようになった様々な場所──蛍光色の賑々しいスーパーマーケット、青みを帯びた灰色にくすんだ都市の街路、意気消沈したキッチン・テーブル、夜更けの公園──で歌詞は展開していき、それにふさわしく彼女たちのアートの非正統さはこれらのロケーションに複雑さを添えていく。

もっとも映画的なのは『ザ・レインコーツ』収録の鉄道ソングだ。「シネマにとって、冒険のただなかへ突き進んでいくのは唯一、鋼鉄製の列車だけだ」と英映画評論家キャロライン・ルジューンは一九二五年に書いた。「映画のスクリーン上を回転し、脈動しながら突っ切ってきたあらゆるマシンのなかで、線路を進む鉄道エンジン以上に力強く、また優れた律動に乗って動くものはほかにない」。映画と鉄道との関係は少なくとも一八九六年にさかのぼる──フランス産の短編映画『ラ・シオタ駅への列車の到着』（※「映画の父」と称されるリュミエール兄弟の初期作品）はカメラに向かって進んでくる蒸気機関車の姿を捉えた五十秒間のシングル・ショットだ。

レインコーツがはじめて一緒に演奏した歌は、鉄の車輪のドラマ〝ライフ・オン・ザ・ライン〟だった。在籍期間は短かったものの、バンドのオリジナル・ギタリストだったロス・クライトンが歌詞を書いた（レインコーツの面々はメイヨ・トンプソンがスタジオ内で言葉を若干変更したと記憶しているが、彼自身はそうだったかどうか確証できないとしている）。〝ライフ・オン・ザ・ライン〟の中心にあるのは驚くほど恐ろしいイメージだ。オーストラリアからロンドンに移って間もない頃、ラドブローク・グローヴ地下鉄駅のそばを通りかかったクライトンは事故のため駅が閉鎖されているとのアナウンスを耳にした。線路飛びこみ自殺だったと判明した。「あんなやり方で死のうとするほど誰かが絶望的になるなんて、と思ったし、アナとジーナを相手にその話をしているうちにあの歌がまとまっていった」とクライトンは言う。

アナの暮らしていたアパートメントに列車は身近な存在だった。窓から列車が通過する様が見え、その騒々しい鉄のノイズが接近してくるのも聞こえた。工業化のしるしであるこれらガラゴロとした金属音は、アナにとってロマンティックだった。彼女は列車がもたらすプライヴァシーに感動した。「あれらの列車はわたしの歌の多くの主要インスピレーション源だ」と彼女は『ジグ・ザグ』に語った。「わたしの歌詞の多くは列車に揺られているうちに、特に地下鉄に乗っている間の経験に基づいている。ジーナとわたしは地下鉄で移動中によく人生について語り合う。だからまあ、地下鉄に乗っているときにやれることはあまりないわけだし——広告を眺めるか、寝るくらい……眠りに落ちずに、誰かが彼あるいは彼女の思考にもっとも埋没できるのは地下鉄に乗っているときじゃないか、わたしはそう思う。地下鉄車両というのは、実にニュートラルでいられる場所だから」

このチカチカと明滅する16ミリ映画の思考のリール、ウォーホル調のクールをたたえた連写の典型が〝ブラック・アンド・ホワイト〟だ。音によるフレンチ・ヌーヴェル・ヴァーグのごとく、聴き手はアナのそばに並んで立っている感覚を抱く——カメラ一台で撮影された無駄のない一場面だ。〝ブラック・アンド・ホワイト〟は白日夢に陥り、線路を見つめる彼女の姿を描き出す。彼女はロマンスのきっかけとなる最初の種子、そしてそれが内包するいくつもの要素——自己疑念、恐れ、孤独、悩み、神経質さ、思慕の情——と、そうしたすべてがいかに止めようもなく内面に響き渡るものかを哲学的に思想する。〝ブラック・アンド・ホワイト〟はややむっつり黙りこんだ夢想であり、何を言っていいかわからない状態についてのもっとも雄弁な歌だ。内気さがこれほど人間的に表現されるのはめずらしい。

線路を眺めていてそこにあなたの顔が浮かぶのはわたしが恋しているからだろうか？
モノクロの光景が

わたしにこのモノクロな歌を書かせるのはそのせいなのか?
あなたに話しかけられるのが怖いのはわたしが恋しているからだろうか?
そしてそれはあこがれだと
モノクロな歌になっていったあこがれに過ぎないと判明するのが怖いのは恋しているからなのか?

〝イン・ラヴ〟と同様、〝ブラック・アンド・ホワイト〟も感情の爆心地を歌っている。どちらも移動中に書かれた——ジーナはバス、アナは地下鉄——もので、都市の日常光景のなかに収まっている。「あれが自分の頭に浮かんだ地下鉄の駅は……これといって目につく色彩のない、殺風景な場所だった」とアナは言う。

「あなたたちはラヴ・ソングを書いたんですねと人から指摘され、驚いた」と彼女は言う。「わたし自身はあれらの歌をまったくそんな風に考えていなかった。たぶん〝ブラック・アンド・ホワイト〟はある種のラヴ・ソングだろうけれども、特定の個人に向けた歌ではないし」。この曲もまた、愛にまつわる歌に近いものだ、ということになる——核を包むいくつもの層のようなもので、それらは様々なきらめき方をする。「誰かに対して思いを抱くと、なんというか、その人の姿が常に目の前に浮かぶことになる。記憶のなかでね」と彼女は言う。「実際にその人が近づいてきて話しかけられたらどうしよう？ と思うと、少し怖じ気づいたり、心もとなくもなる。それはあなたが心のなかに抱えたあこがれということ。欲望とは違う」

〝ブラック・アンド・ホワイト〟は心理的なはじまりだ。それは解消されないままおぼろげに消えていくフィーリングだ。その感覚はこのモノクロな歌をあるべき場所に残したまま去っていく。

あなたが誰なのか知らないこと、それは愛なのだろうか？
誰なのかわからないあなたを探して窓の外を眺め
そうやってこのモノクロな歌を書くことは愛なのか？

内向的な人間の内面は大抵の場合大忙しに騒がしいものであり、それに対する自然な反応は外面上の静けさになる。しかし〝ブラック・アンド・ホワイト〟で、内に潜めたカオスはサキソフォン・ソロの悲しげな遠吠えに、そのサウンドを拡張すると同時にそのエネルギーを凝縮していくソロによって表へと押し出される。それは封じこめられてきて爆発せんばかりの無数のプライヴェートな思いのように、どう転ぶかわからないいくつもの可能性を秘めた、はじまったばかりの愛の感覚そのもののように響く。この啓示に富んだ不協和音を吹かしたのはかのローラ・ロジックだった。

ローラ・ロジックは本名スーザン・ウィトビー、フィンランド系を祖先に持つ女性で、ジャズ好きな家庭に生まれた。ボウイのレコードを聴いてサックスに目覚め、子供時代の彼女は一日五時間サックスの練習に費やした。一九七七年に、まだ一〇代だった彼女は『メロディ・メイカー』に掲載された「一緒に何かやってやれと思っている若きパンクス」を求めるメンバー募集広告に応じ、瞬く間に名を馳せたXーレイ・スペックスの一員になった。同グループの看板曲〝オー・ボンデージ・アップ・ユアーズ！〟に鳴り響くサックスを吹いているのは彼女で、『ジャームフリー・アドレッセンツ』のほぼ全曲で編曲も担当したものの彼女はバンドから追い出された。「サックスは人間の声とまったく同じに聞こえる、いつもそう思っていた」と彼女は言う。アート校のクラスメイトにけしかけられ、彼女は一九七九年までには自身の率いる素晴らしくエネルギッシュなグループ、常に大地から離昇したように聞こえるエッセンシャル・ロジックを結成していた。

ジェフ・トラヴィスに勧められ、ローラはこのパートのトラック・ダウンのため二時間だけスタジオに立ち寄ることにした。「ただ現場に顔を出した」とローラは言う。「これといって前もって準備したものじゃなかった。あのパートをリハーサルしたかすら憶えてない。その場でとっさに、かなりそういうものだった。自分のやったことの多くはそういう感じだった」

パーモリーヴとローラ両名——どちらももっと人気の高いパンク・バンドからだしぬけに追い出された——の存在は、『ザ・レインコーツ』に正真正銘の追放者たちにとってのもっと素晴らしい避難所、という印象を与える。〈ラフ・トレード〉はそういう場所を育んだ。「ジェフ・トラヴィスはいつもとても勇気づけてくれた」とローラは思い返す。「わたしが演奏に参加したレコーディングの多くで、彼はデッキの背後にいた。ジェフ・トラヴィスがいる場ならどこでも、わたしは居心地よく感じられた。彼は父親のような存在だった。いつだって彼はわたしからベストなものを引き出してくれたと思っているし、それは彼がそばにいると自分はとても快適だったからだと思う」。彼女は（ジーナを除き）レインコーツをあまりよく知らなかったとはいえ、これは理にかなった顔合わせだった。ローラいわく「家にいるみたいにくつろげた」

*

「レインコーツに関して真っ先に言えるのは」とグリール・マーカスは一九八三年に書いた——「彼女たちはポップ・ミュージック史上もっともふさわしい名を持つロンドン・バンドということだ」。ロンドンのように、『ザ・レインコーツ』の色調は抑えられている。あの都市のもの悲しさが素晴らしくモノクロームな灰色で描かれている。〝ブラック・アンド・ホワイト〟にはその感性が悠々と密閉されている。

ヴィッキーが加入する前に、レインコーツの顔ぶれは一時期二十八歳の建築家パトリック・キーラーを含んでおり、彼は後に映画作家になった。彼はこのバンドに参加するのは少しの間だけだと承知していた。キーラーは一九九四年に『ロンドン』というタイトルの映画を撮るにいたったが、それはロシア人作家アレクサンドル・ゲルツェン（※帝政ロシア時代の作家／哲学者で「社会主義の父」のひとり。ロンドン滞在中に『自由ロシア新聞』を立ち上げた）の発想にインスピレーションを受けたものだった――「世界のどこを見回しても、人間を人々から引き離し、孤独に慣れさせるのにもっとも適した都市はロンドン以外にない」。『ザ・レインコーツ』という作品はこのフィーリングを理解している。「いわゆる〝典型的なロンドン人〟というのは、まあ仮にそんなものが存在する、としての話だけれども」とキーラーは言う。「若く、孤立していて、どこか遠くからやってきた人間のことだ。だからまず、その人はアウトサイダーのように感じるし、けれどもそれはまた、その人が何かの中心にいるということでもある。おそらくそこじゃないかな、レインコーツが特に〝ロンドンっぽい〟のは」

＊

『ザ・レインコーツ』の最終曲〝ノー・ルッキング〟はシネマに直接向かっている。歌詞はフランス人作家、故ジャック・プレヴェールの詩を翻案したもので、ホーンジー在学中にフランス語を学んでいたときにジーナはこの作品と出会った。プレヴェールは伝説的な映画監督マルセル・カルネと八作で共作した脚本家でもあり、カルネがフィルム・ノワールというジャンルの発明者のひとりと看做されるようになったその連携は、一九三八年の古典『霧の波止場』からはじまった。一九七七年に七十七歳で亡くなるまでに、プレヴェールはフランスの文化的想像力のなかに力強い位置を占めていた。詩人にしては、彼は異質なほど顕在化した存在だった。フランスの学童は彼の詩を習い、ジョーン・バエズ、エディット・ピアフ、セルジュ・ゲンズブールらの歌にも用いられた（※プレヴェールの歌詞でもっとも有名なものにシャンソンの古典〝枯葉〟がある）。『タイムズ』紙に対し、カルネは「プレヴェールはフレンチ・シネマの唯一の詩人だ。彼はスタイルを、独創的でパーソナルなスタイルを作り出し、そこに人々の魂を映し出した。彼のユーモアと詩は陳腐な日常を芸術の頂点にまで高めることに成功した」と語った。『タイムズ』の追悼記事はプレヴェールを「瞑想的な目をした肥り過ぎの男性」と形容した。

彼はコーヒーに砂糖を入れ
スプーンでコーヒーをかき混ぜた

彼は甘くなったコーヒーにミルクを注ぎ
茶碗を持ち上げ口にした
彼はコーヒーを飲み干し
茶碗を受け皿に戻した
わたしに目も留めず

彼は箱から煙草を抜き出し
マッチで火を点けた
そして彼は煙草をふかし煙の輪を吐き出した
わたしに目も留めず
わたしに話しかけることもなく

彼は帽子を被り
雨が降っていたのでレインコートをまとった
そう、彼は雨傘を持っていなかった　彼は雨降りのなか去って行った

わたしに目も留めず
話しかけることもなく

〝ノー・ルッキング〟の落胆したトーンは明らかにノワール映画だ。それは古典的な解説型の場面だ――場面のなかで起きる行動はドラマティックな黒と白の色調で明確に描かれている。同曲の失意に沈んだ冒頭の数小節で、かきむしるような、重たいベースはかさを増していく雨粒のように響く。それをなさめるべく悲しげなヴァイオリンが滑りこんできて、ドラムスがものうげにはじかれる。まずは整然と、かつほぼ無表情に近く、ジーナは淡々とコーヒー、煙草、そして内にこもった男性のイメージを羅列していく――日常の光景から抜け出そうとするところを捉えられた男を、反逆型な女性嫌悪者のとる伝統的なポーズを。

『ザ・レインコーツ・ブックレット』からの抜粋

わたしたちはたまに、自分たちのやっていることに対する一部の人間の無理解を感じてきた。これは部分的には、物事にレッテルを貼って分類することでそのレッテルに当てはまらないものを頭から除外したい、そうすればわからないものに対する真剣な思考から生じる様々について考えをめぐらせ対処しなくて済む、という彼らのニーズから来ている。わたしたちに貼られてきたレッテルはフェミニズムだった――それ以外に何がある？　わたしたちも性的な役割分担に対して発される疑問は不十分で、ゆえにその定義のされ方も間違っていると感じてはいる。とはいえわたしたちが扱う問題はそればかりではないし、人間ひとりひとりが押しこまれているらしき疎外状況に思いをはせるたび、わたしの胸は深くえぐられる。誰かがほかの人間の魂になんとかして穴を開けよう、または自らの魂を表にさらそうとするのと同じくらい、そこには困難が存在する。それは、たったひとりで、闇のなかで怖くて震えている夜と同じくらいに強烈な体験だ。

――アナ・ダ・シルヴァ、一九八〇年

ザ・ヴォイド

わたしは街路を眺めた
街路はわたしを見返した

アナの歌詞の多くは女性がひとりきりで都会に生きることについてだ。それらは疎外感、アンビヴァレンス、すぐ横にいる人間と結びつくことの不可能さを扱う。だが〝ザ・ヴォイド〟は作家《オトゥール》としてのレインコーツだ。全編が鬱屈した遠回しなパーツと震動するエモーションから成るこの曲は、彼女たちの四分間のシネマ・ヴェリテの叙事詩だ。

「〝ザ・ヴォイド〟を書いたとき、わたしは長いこと自分が感じ、考えてきた何かを表現しようとしていた」とアナは言う。「わたしは誰のことも個人として、分離した存在として見ている。わたしたちはみんな、ほかの誰かや数人の人々、グループ、もしくはコミュニティに溶けこもうとするけれども、結局のところ、わたしたちは究極的にはひとりぼっちだ」

空虚さに捧げられたアートの伝統は実に幅広い。一九五八年におこなったインスタレーション作『ザ・ヴォイド』で、イヴ・クラインは画廊のドアに続く凝った入り口を作り上げたが、いざなかに入るとギャラリーは空っぽだった――このレインコーツ曲で聞こえる編み合わされたベースとヴァイオリンの華美な雰囲気も一種それに類似していて、魂を洗い清めようとするアナのうめきに劇的な序章を提供する。パンクのなかでアナ本人はリチャード・ヘルのファンで、彼はザ・ヴォイドイズと共に〝ブランク・ジェネレーション〟を通じてこのアイディアを七〇年代ロック向けに代表した。だがアナの歌では、ぽっかりと口を開けた空白はただ単にその存在を述べられるに留まっていない。〝ザ・ヴォイド〟はありったけのフィーリングと共に無を真正面から見据える。わびしいが、それと同時に印象に強く残る生が宿っている。それによって、曲のメッセージ——人々は口では言い表せない物事に自ら取り憑かれることがあり、また人間でいることの謎はときにとにかく苦痛である——はうっとりさせられると同時に癒されるものになっている。

〝ザ・ヴォイド〟はビキニ・キルのトビー・ヴェイルにとってもっとも個人的に胸に響いてくる曲だ。九〇年代初期に、オリンピアのザ・マーティンという名の建物のなかにあった彼女のアパートで、カート・コベインと『ザ・レインコーツ』を聴いていたときの思い出をこの曲は呼び覚ます。「わたしたちは完全に愛し合っていたけれども、タイミングがよくなかった」とヴェイルは言う。両者はそれぞれのバンドにかかりっきりだった——ニルヴァーナはツアーによく出ていたし、ビキニ・キルははじまったばかりだった。「わたしたちが実際に一緒に過ごせた時間には少し悲しみが混じっていたし、意思の疎通がしにくくなることもあった。おしゃべりする代わりに、わたしたちは音楽を通じてコネクトした。たまにほぼテレパシーに近く感じることもあった」

「〝ザ・ヴォイド〟を聴いていて、ふと、たぶんこの関係は続かないだろうと気づいて、絶望感をもろにどっと感じたのを憶えている」とヴェイルは言う。「アナに会ったとき、彼女はあの喪失と重さの感覚を理解している人だ、そう感じた。カートが亡くなったときは、まるであの歌がこれからやってくる悲しみすべてを予兆していたかのようだった。ある感情を言葉で表現するのはむずかしいけれど、あの歌は本当にそれをやってのけているし、あのエモーションの理解はどういうわけか、わたしとアナの間で共有されていたと感じる。わたしにもはっきりとはわからない、でもリアルに感じられる、この奇妙な時空の均衡状態みたいなもののなかで」

＊

アナの咆哮は、ただ叫ぶだけでは無理な、ザラついたニュアンスによって苦痛をお祓いする。アナがパティ・スミスからなんらかの宗教性を学んでいたとしたら、彼女はそれをこの落ち着いた楽曲にチャネリングしている——あたかも彼女には世界のなかの苦痛に関する崇高な知識があるかのようだし、しかしそれでいて、その知識は痛烈に日常的な光景でもって描き出される。街路に出て、聴き手はアナと並んで歩いている気分になる。両手をポケットに突っこみ、ブーツのひもを結び、たしかな足取りで一歩一歩進んでいく。

いち、に、さん
さん、に、いち
空虚

都市はアーティストにとって必要な匿名性および自己完結の感覚がもたらす自由を与えてくれる。都市そのものを一個の芸術品として扱う映画的な作品という意味で、わたしは〝ザ・ヴォイド〟に実存的な女性像の系譜、アニエス・ヴァルダの左岸派の傑作『5時から7時までのクレオ』（一九六二）やシャンタル・アケルマンの『家からの手紙』（一九七七）といった映画に登場する女性たちを聴き取る。いずれの作品も詩的に空虚さを漂わせる。〝ザ・ヴォイド〟と同様、これらの映画にも都市の孤独なリズムが強く感じられる。アケルマンは醜いとされるマンハッタンにある美を印象主義的に明かしていく――そのくたびれたコンクリの建造物や、単調な正確さで開いては閉じる、グラフィティの書きなぐられた地下鉄車両のドアのなかに。ヴァルダ作品の場合、主人公の女性がパリの不規則な迷路を軽やかに動き回る――肩で風を切って群衆を縫い、向かってくる車の流れをかわし、急ぎ足で駆けていく――うちに都市の華麗さはモノクロで提示される。現実の荒涼とした騒音と混ざり合い、都市は好奇心の具現になる。

アナの弾くノイズ・ギターは工業化した都市景観の警笛のようなきしりを想起させる。『ザ・レインコーツ』全編にわたり、彼女の伸ばされた、不協和音に満ちたギター・プレイには確信的な間違いぶりが備わっている。アナの曲の作り方はまず歌詞を書き、「それからギターを手にしてあれこれやってみる」だったと彼女は言う。〝ザ・ヴォイド〟と〝ユーア・ア・ミリオン〟のどちらでも、彼女はコードをひとつ——弦二本に指を二本当てた、A7——しか使わなかったし、そこからほとんど無作為にフレットを上がっていった。彼女は自らのギター・プレイを、壊れて止まっているけれども一日に二回はたまたま正しい時刻を告げる時計のようなものと形容するが、それらの間違ったパーツはいまやタイムレスになった。「あれは奇妙なコードで——Dなんちゃら7、とかなんとか、わたしにもわからない」と彼女は説明する。

それゆえに、レインコーツは心理的にはニューヨーク勢、フェミニスト版ヴェルヴェット・アンダーグラウンドのようにも思える（「これは新たなヴェルヴェット・アンダーグラウンド——モー・タッカーが四人いるVUなんだろうか？」と『ニューヨーク・ロッカー』誌は一九八〇年に書いた）。アナの出すノイズはそれ以上に、同じ時期にマンハッタンのダウンタウンで起こっていたノー・ウェイヴの、ギター弦をこそげ落とす連中に近いものだったことに、あるファンは気づいていた——「アナのノイジーなギター・プレイは、DNAのアート・リンゼーやニューヨークのノー・ウェイヴ連中、まさにあれだ」と、ホールのギタリストだったエリック・アーランドソンは言う。

一九九三年にBBCの『ピール・セッション』に出演した際、ホールも――ニルヴァーナのように――〝ザ・ヴォイド〟をカヴァーした。そのラジオ・パフォーマンスは手っ取り早く決まったものできちんとプランニングされていなかったが、バンドはその夏の英ツアー中も同曲を演奏し続け、彼らの録った〝ザ・ヴォイド〟は最終的にシングル『ドール・パーツ』B面に収録された。その本質的な貧弱さゆえに、『ザ・レインコーツ』はホールのドラマー、パティ・シェメルにとって非常に重要なレコードになった。「あのレコードは自分の人生の大きな一部だった」とシェメルは言う。「うわべを取り繕っていなかったし、だからこれは本物だという感じがした――純粋だった」。ホールのカヴァー・ヴァージョンで、シェメルは意図的にドラムスを平板にした。「レコードでは、あの歌は実に多くのドラム・パターンを含んでいる。あれはいわゆる〝ビート〟ではない。あのドラムはものすごくクールかつビジーで、ドラムのパートというより、むしろあの歌の別のパートというのに近い。なかにはビートに落ち着くパートもあるとはいえ、ほとんどの場合あのドラムはせかせかと動き回り、プッシュしている。ベースとヴォーカル群と同じくらいにあのドラムは曲を引っ張っている」

アナのギター・パートを再現する課題を前にして、常以上に不安になったとアーランドソンは思い返す。「彼女はとんでもなくかっこいいノイズ・ギターを弾くけど、でも彼女はまた、あれらの実に可愛らしい、ビートルズ調のギター・ラインも抜き放つんだ」と彼は言う。「最後のあの長いギター・ソロ部、あれは非常にシンプルでとても生々しいけど、ほとんどもう六〇年代初期のビートルズがやっていたソロみたいなもので。アナは何か、実に驚異的なことをやっていた。シンプルでメロディックなラインを弾くのはむずかしいし、しかもそれを流れるように非常に自然に響かせつつ、ノイズや奇妙なコードの質感とミックスしているんだからね」。〝ザ・ヴォイド〟という曲自体もアーランドソンの琴線に大きく触れた。「あの歌詞をはじめて耳にしたとき、本当に多くの意味でぼくも『うん、わかる』という感じだった。あの時点では〝真の魂〟や〝本質〟、そしてポップ・ミュージックにおいてもっと深い問題に取り組むことについて、たしかに空白がある感じがした。実に素晴らしいコンセプトだね、空虚というのは。あの歌詞を読んでいるうちに、頭のなかに色んな絵が浮かんでくるんだ」

「彼女たちのやり方ゆえに、あの歌にはあれだけのマジックが備わった」とアーランドソンは言う。「あの歌をカヴァーしようと企てたなんて、ぼくたちはどうかしてたな」

ローラ

それ以上にシェメルに人生肯定の響きをもたらすことになった『ザ・レインコーツ』収録曲が彼女たち

自身のカヴァー曲、ザ・キンクスの〝ローラ〟だった。同じくホーンジー・カレッジ卒業生のレイ・ディヴィスが一九七〇年に〝ローラ〟を生んだ頃までにキンクスは天才的なポップ曲〝ユー・リアリー・ガット・ミー〟、そして同様にラウドな無数のプロト・パンク勢から遠く離れた地点にいたとはいえ、〝ローラ〟のはしゃぎぶりは相変わらずだ。レインコーツは〝ローラ〟の歌詞に一切手を加えなかった。それはローラという名の女性にクラブで出会い彼女と恋に落ち、あとになって彼女が女装した男性、あるいはトランス女性だったかもしれないと発見した男性の物語だ（歌は曖昧にぼかされているので果たしてどちらだったかは判断がつかない）。『ザ・レインコーツ』収録の〝ローラ〟のカヴァーでは、ジェンダーは意味のブレた万華鏡へと屈折していく。それはびっくりハウス――このヴァージョンには原曲よりもっと多くの鏡が含まれる――に転じるし、そこではわたしたちがジェンダーについて社会的に信じこまされているすべてがつねられ、拡張され、ぐるぐる渦を巻き、バイナリー思考は消失する。

〈ラフ・トレード〉所属バンドはミュージシャンであると同時に潜在的に批評家でもあった。たしかに彼らは音楽を作ったが、彼らの曲はまた音楽についてでもあり、音楽の持つポテンシャルと対話を重ねるものだった。レインコーツは〝ローラ〟という、ナイトクラブで生じた欲望というそもそもあやふやな物語を描いた歌をとりあげ、その親しみやすいコマーシャリズムをはぎとった上でクィアな女性のレンズを通してひねってみせた。彼女たちは実質、あの曲を書き直したのだ。様々なインタヴューで、ヴィッキーはあのレインコーツのヴァージョンは原曲の意味を「破壊し」、「遠ざけ」、あるいは「転位させた」との発言を残した――「曲のおしまいに登場するうぶさと驚きのショック、それはあの曲のこれまでのオチだったわけだけど、その代わりに……わたしたちのヴァージョンでは聴き手も意識している。歌い手を、歌を、曲の題材を、そしてそれらの間に生じる対立も」

とはいえ、安定したビートとブリッジの存在ゆえに〝ローラ〟は『ザ・レインコーツ』で明らかにもっともすっきりした一般的なアレンジをほどこされた曲になっている。一部の聴き手にとって〝ローラ〟の安定感は救いだったが、その構造は『ザ・レインコーツ』の揺れながら疾走していくスピリットとは相反するもののように思える。ファンからの要請圧力にも関わらず、バンドは〝ローラ〟をシングル・カットすることはなかった。

レインコーツが〝ローラ〟を歌うとき、聴き手は彼女たちと共に薄暗い部屋にいることになる。ゲイ・ナイトクラブの神聖な空間についての歌だけに、当然のごとく親密な感覚がある。オープニングの数行はヴィッキー、アナ、ジーナがそれぞれ個別に担当し、歌詞は映画のスクリーンに映るキュー・カードのようにすべてありありと見える。「わたしが彼女に会ったのは昔ながらの盛り場、ソーホーのとあるクラブ」、「彼女に名前をたずねると、ダーク・ブラウンな声で彼女は『ローラ』と答えた」、「わたしは世界一好色な男というわけじゃない」。残りの歌詞を彼女たちはユニゾンでがむしゃらな歓喜と共に叫び、そこに潜む可能性を爆発させる――「わたしが女性にキスしたのはあれが生まれてはじめてだった！」

レインコーツ版の解釈について「〝ローラ〟はレズビアンとしての自分に突出して響いてきた」とシェメルは言う。「音楽界を見わたすと、デイヴィッド・ボウイやルー・リードがフェラチオについて歌う、というのはある――けれども、それとなく匂わせるだけ。八〇年代のゲイ・ウーマンとして、若い頃のわたしはカミング・アウトの問題にぶつかり、それを大きな秘密として隠していた――ほかとは違うサウンドを見つけ、そして女性がほかの女性について語るのを耳にできた場がパンク・ロックだった。それを意図したものだったのかどうかはわからなかった――果たしてそうなのか、さっぱりだった――けれども、わたしはあの曲を自分につながりのある何かとして受け止めた。当時は、どんなつながりでもいいからつかむ、それくらい必死だった」

キンクスの〝ローラ〟が一九七〇年にリリースされた際、『クリーム』誌のデイヴ・マーシュは「初のはなはだしくおおっぴらにゲイなロック・バラード」と評した。ロバート・クリストガウは「容赦ない自己憐憫のアルバム」である収録作『ローラ対パワーマン、マネーゴーラウンド組第一回戦』からの「傑出したシングル」と呼んだ。一九八九年のとあるインタヴューで、デイヴィス自身は「性的な曖昧さに興味を掻き立てられる。ぼくはこの、パリにあったクラブによく行ったものでね。あるときぼくのマネージャーが美しい黒人の女の子と踊っていたんだが、彼女は女装した男だったとわかった。ひげの剃り跡が目につくようになる朝の六時頃になるまで、マネージャーは気づかなかったんだ。その一年後くらいに〝ローラ〟を書いた」と語った。

現在以上に世のなかのLGBTQコミュニティに対する敵意が強かった一九七〇年という時代において、〝ローラ〟は共感型の愛にあふれた歌だった。あの歌は、ある意味、曲のなかに存在するキャラクターたちを祝福していた。だが、ローラとは本当は何者なのだろう? わたしたちに知るすべはない。いまや明白なのは、彼女が誰かわからないというその事実だ。〝ローラ〟は滑稽な歌だが、かといって特に人間的な歌ではない。その一年前に、ヴェルヴェット・アンダーグラウンドは愛情のこもった〝キャンディ・セッズ〟を発表していた――そしてルー・リードの書いたこの曲の主題であるキャンディ・ダーリングという名のトランスジェンダー女優は、内面の問題を抱えた生身の人間であり、様々なことを考えていた。対して、〝ローラ〟のユーモアはトランスフォビックともとれる。〝ローラ〟の筋書きがジョークとして提示されたのは不吉な前兆だ。

それでも、一九七九年に、女性のグループが女性にキスすること――そして「女の子は男の子になり男の子は女の子になるだろう/世界は混乱し、ごっちゃで、ガタガタ揺らいでいる」(※〝ローラ〟の歌詞)と言い放つ――についてシャウトするのは前向きにラディカルだった。その意味でレインコーツのヴァージョンは、抽象化することで〝ローラ〟を更によくしたと言える。

レインコーツのカヴァーは、現在活動中のUKバンドであるショッピングおよびセイクレッド・ポウズのギタリスト／シンガー、レイチェル・アッグス（※トラッシュ・キットでも活動）にとって重要だった。「クィアのディスコでよくかかる曲があれで」と彼女は言う。「二〇代はじめだった頃のわたしは、アナがクィアだと知らなかった……でも、クィアな若者として、彼女が『自分が女性にキスしたのはあれがはじめてだった』と歌うのを聴くのはクールだった。わたしはちょうどカミング・アウトしたばかりで、はじめてクィアのパーティに行き出したところだったし、あの曲をダンスフロアで耳にするのには大きな意味があった。あれはあのレコードでわたしがいちばん好きな曲ではないけれども、彼女たちの作る音楽のすべてにひとつのトーンが備わっている——ギターのサウンド、そしてドラミングはひたすら美しい。ほとんどもう、あの曲を誰が書いたかは関係ないくらい」

〈ラフ・トレード〉の名称そのものも、一九八一年に放ったトップ40ヒット〝ハイスクール・コンフィデンシャル〟でもっともよく知られる、トロント出身のLGBTロック・バンドにちなんでいた。その同じ年、トロントのアーティスト、G・B・ジョーンズは彼女の率いたバンドのフィフス・コラム、そして彼女とブルース・ラブルースの伝説的ジン『JDズ』を通じて同市の草の根なクィアコア・シーンの種子を蒔いていた（続いてクィアコアは、九〇年代の米北西部太平洋沿岸圏パンク・フェミニズムにとっての重要なインスピレーション源の役割を果たした）。フィフス・コラムの代表曲〝シー・セッド・ブーム〟

は灼けるようなサイケデリアで、自主的にエンパワーを果たし、通りに出てグラフィティのタギングをやるようになったガールフレンドの理解に苦しむ男性についての歌だ。映画学校で学び、クィアで、ウォーホル的で、フェミニストであるのを明確に打ち出し、かつ大いに疎外されていたフィフス・コラムは、トロントのそれ以外のバンドとはまったく違っていた。

だが、実際にレコードを見つけることができず、輸入された英音楽紙で彼女たちについての記事を読む以外になかった段階から、レインコーツとクリネックスは「自分たちにとって生命線だった」とジョーンズは言う。「わたしがはじめてレインコーツの写真を見たのも音楽紙面で、あれはさっそく切り取ってしまっておくことにした」と彼女は言う。「彼女たちのワイルドな実験精神のおかげで、自分たちなりの音楽を作りたい、既存のフォーミュラを避けて自分たちに合わせて音楽を作り直したいと欲するわたしたちも、奇想天外なことをやっているわけじゃないとわかった。彼女たちの無名さは自ら選択したものだったとわたしには思えたし、そこは彼女たちの陣営から発される強烈にパーソナルで、親密で、予見的なサウンドに完璧にマッチしていた」。『アウト』誌に対し、ジョーンズは「これはたぶん甘い考えだっただろうが、自分たちの好きなバンドにはどれもクィアな女の子メンバーがいたと思った」と語ったこともあった。

ジョーンズのジン『JDズ』は頻繁に、クィアなバンドの出したシングルが並ぶ「ホモコア・ヒット・パレード」なるリストを掲載した。レインコーツの一九八一年の作品『オディシェイプ』収録の〝オンリー・ラヴド・アット・ナイト〞はそこに繰り返し登場した。だが〝ローラ〞のカヴァーもジョーンズにとって大きかった。「〝ローラ〞はものすごく重要な曲だ」とジョーンズは言う。「あの曲はわたしたちにアイデンティティで遊び、生まれついての肉体の束縛から自己を解放し、様々なポテンシャルに満ちた世界を想像しようと鼓舞する……〝ローラ〞を流して、『混乱し、ごっちゃで、ガタガタ揺らいでいる世界』を、危険な官能性と狂気とカオスで生き生きした世界を満喫するのは爽快だった」

「普段除外されている人々を含む作品をアーティストが生み出すたび、息をするのがもっとずっと楽になる」とジョーンズは言う。「それは酸素だ」

プロテスト・ソングス

「何かを〝政治的〞と称して別物と看做すことは、それについて考えずにおくための弁解に過ぎない」とヴィッキーは一九七九年十二月に語った。『ザ・レインコーツ』はまるまる一枚がレジスタンス行為だ。「パーソナルはポリティカル」の気風と謳い文句が六〇年代と七〇年代により幅広く取り入れられたのにしたがい、レインコーツはその発想を拡張し、自身の楽曲のなかにさりげなくパーソナル性を明かしていった。アナは『NME』にこう語った。

わたしたちはラヴ・ソングを書くと言われてきたし、それは伝統的に女性がとりあげる題材だ、愛と感情は女性的な題材であると言われてきた。それと同時に、わたしたちは人々に政治を押しつけていると非難されてもきた。わたしが言いたいのは、わたしたちの曲の扱い方からすれば、それらふたつは別個なものではないということだ。わたしたちには「愛の」歌も「政治的な」歌もなく、人々についての歌があるだけ。その人間が人生のなかで起こす行動はなんであれ政治的だとわたしは思う。けれどもあれらの歌は人々を不安にさせるもの、わたしたちを不安にさせるもの、疎外感から生じる問題と、そうした状況に置かれた人々がそれに対処しようと努力する、あるいは対処できずにいる様、そしてその状況から生まれるニーズについてのものだ。もしくは、あなたの在り方、考え方、感じ方が、あなたを取り巻くものによって息の根を止められている様について、と言ってもいい。

にも関わらず、『ザ・レインコーツ』収録曲のいくつかは美学者の鬨《とき》の声を含んでいる。それらはプロテスト・ソングだが、ややややぶにらみに設定されており、スローガンというよりもむしろ時代感覚を繰り返し叩いていく。政治性を強めたこれらの楽曲の衰えることのない今日性は、絶望的な気分をもたらすと同時にレインコーツの予見性の証しでもある。

〝ユーア・ア・ミリオン〟は間接的な反対勢力アートだ。ライヴの場では、曲の驚異的な質感の数々に囲まれつつ、アナはギターにマイクを叩きつけて不穏なノイズを作り出す（それを、たとえば八〇年代のソニック・ユースを予期するものだった、と言うこともできる）。「あれは非常に肉体的な演奏だった」とシャーリーは言う。「自虐が混ざったものというか、『わたしのハートはドクドク脈打つと同時にだらだら血を流してもいる』みたいな感じ、それをパフォーマンス的なやり方でやっていた」。ギタリストのレイチェル・アッグスにとって、〝ユーア・ア・ミリオン〟の雰囲気は「とても壮大で……オペラを聴いているよう」に感じられるという。おそらくそれはファドの持つ噴火性なコアの成せるわざだったのだろう。『ニューヨーク・ロッカー』は一九八〇年にこのように書いている――「レインコーツの音楽にはアナーキックな資質があり、それは得てして彼女たちのサウンドの周縁だけではなく中心もすり減らせほつれさせていく。だが出来のいいライヴの晩に当たると、それぞれの歌はミニチュアのドラマになっていく……（〝ユーア・ア・ミリオン〟は）シリー・パティー（※シリコン系ポリマーが主成分の玩具。粘性、弾性など流動的な性質を持つ）のように拡張し、収縮した」

アナはレインコーツの一回目のツアー時に〝ユーア・ア・ミリオン〟の曲想をひらめいた。一九七八年四月、まだたった四回しかギグをやっていない段階で、レインコーツはポーランド政府の賓客としてワルシャワ公演をおこなった。パフォーマンス・アート・フェスティヴァルでの出演だった。パフォーマンス・デュオのレインディア・ワークとおこなったロンドンでの合同公演後、レインコーツはポーランド人キュレーターに招かれた。キュレーターはレインディア・ワークを観に来たのだが、レインコーツに非常に強く心惹かれた彼は彼女たちに数本のショウを依頼した。共産主義時代のポーランドではじめてライヴをおこなったパンク・バンドがレインコーツだった。「こんなパンクどもがポーランドをいただく」の見出しのもと、三月二十七日付『イヴニング・ニュース』紙はこんな記事を掲載した——「ポーランドは我々にショパンとルービンシュタイン（※二〇世紀を代表するピアニストのひとり）をもたらした。いまや我々はそのお返しとしてこんな連中を送りこもうとしている」

バンドはロンドンから三十六時間かかる列車旅に乗り出し、東独、ベルリン、東ベルリンを通過しポーランドに入国した。オリジナル・ドラマーだったニック・ターナーの記憶によれば、「ナチっぽい見た目の制服姿の……サブマシンガンを提げて番犬を連れた警備兵」がフリードリヒ通り駅で列車に乗りこんできてパスポートをチェックした。「ベルリンの壁は当時まだあったし、革ジャンにピンク色のモヘアのセーター姿の、ツンツンに髪を立てた大勢の若者の一群と楽器の山を乗せた車両が東欧の全体主義の灰色な世界に入っていく、というのは控えめにいっても異様だった」とターナーは言う。「ぼくたちは夜間外出してワルシャワで通りを歩いている間も警備（とおぼしき）連中にあとをつけられたし、一行のひとりがひと足先に宿に戻ったところ、誰かが部屋のなかを捜索しているところに出くわしたこともあった」。とはいえショウは観客で満杯、反応も愛と敬意にあふれていた。

ロンドンへの帰路、夜行列車で旅していた際にレインコーツは東ベルリン駅で立ち往生することになった。街灯は薄暗く、すべてが灰色にくすみ、フィルム・ノワールのようだった。アナが見かけた数少ない車は古ぼけたものだった。国境で少なくとも一時間足止めを食らい、その警備ぶりは威圧的だった。アナは恐れを感じた。車窓からベルリンの壁が見えた――彼女にとってそれは抑圧、分断、無力感の象徴だった――その光景は彼女の歌詞のなかでももっとも示唆に富んだもののひとつを彼女に書かせた。

わたしのフィーリングは法に殺された
わたしの街を取り囲む壁に

「わたしはポルトガルで、そしてある程度まではポーランドに行ったときにも、政治的な抑圧を体験してきた」とアナは言う。「でもわたしはまた、自分たちのいわゆる〝西側の世界〟なるもの、我々は自分たちの生を自らコントロールしているという幻想のある世界、そこで起きていることも表現しようとしていた。わたしたちは常に、まったく道理が通らない、しかも非人道的なルールの数々にしたがわざるを得なかった。一九七八年の時点で、ヨーロッパおよびアメリカ合衆国で、ジェンダー、セクシュアリティ、人種、宗教上の信条もしくはその欠如、身体障害、そして体型に関して言えば、現在に較べて人々の公民権は弱かった。法律は変化したとはいえ、人々に機会がもたらされる際に、偏見はいまだに影響を及ぼしている」

〝ユーア・ア・ミリオン〟はブーンとうなり沸騰しながら、内側に生きる何百万という在り方をいかに人々が体現しているかを伝えていく。それは、直接的にではないかもしれないが、それでも間違いなく、抑圧的なサラザール政権下――体制順応主義の権力者たちはこの曲のタイトルにこめられた真実をあなたに絶対信じさせようとしない、そんな状況――で生まれ育ったアナの経験に影響されている。

そこで止まれ
これをあなたたちに捧げよう
誰に向けられることもなかったわたしの愛として
あなたを濡らすことのなかった雨
そしてあなたをあたためなかった太陽として……

あなたは何も支払わなくていい
わたしには一銭もかからなかったのだから
そこで止まれ　そして消え去ってしまえ

〝ユーア・ア・ミリオン〟は境界線に反対する。フィジカルとメンタルの双方にそびえる、様々な壁に爪を立てる。壁がもたらす麻痺の感覚を、強制的に引かれた限界のもたらす無感覚を、力強く表明する。まるでパトロール中の国境監視員のように、アナがこの曲の頂点で「そこで止まれ」と叫ぶ数々の瞬間、それはいまだに圧倒的に響く——それらは途方もない、混乱を生む中断行為だ。〝ユーア・ア・ミリオン〟の緊張感と非線形なストーリーの流れを、シャーリーはヴァージニア・ウルフの詩『波』と比較する。「あなたは音に乗って飛んでいるわけだけど、そこでこんな感じに（ドーン！　と言って）急停止する」と彼女は言う。「自分がどこにいるか見当がつかない。どこに向かっているかまったくわからない、けれどもこの流れに乗って自分が行き着くところまで行くのだけはわかっている、あの完全に恍惚とさせられるクレッシェンドと共に」

あなたたちは百万人の多勢　わたしはあなたたちを愛してきた
あなたたちは百万　わたしはあなたたちのもの
あなたたちは百万　わたしはあなたたちのものではない……

わたしたちはこれから生まれる百万人
わたしたちはこれから去っていく百万人

〝ユー・ア・ミリオン〟が行進していくなか、レインコーツは連帯しそのリフレインを連呼し、あたかもストリートを乗っ取るかのごとく足を踏み鳴らして曲のエンディングを抜けていく。それは純然たる反発でありながら、しかし説教くさいところはみじんもない。「あそこではこの、一体感が起きている」とシャーリーは言う。「対してあれ以前は、歌詞の面で言えば分離と喪失感ばかりだった——とにかく完全に内にこもっていた。それに尽きるんだと思う、自由であること。そしてあの驚異的に素晴らしい連帯感を得るってこと。彼女たちは全員で一緒に歌う。現れては消える、共有された一体化の感覚がある。ジェンダーであれ、セクシュアリティであれ、人種であれ、ほかと違う者とあなたは自己同一化している」

『ザ・レインコーツ・ブックレット』からの抜粋

わたしたちの歌は大概、これといって特に女性的な問題を扱ってはいない。だが、わたしたちの場合、わたしたちは女性であり、ゆえに歌は女性の視点および作者が誰で、個人として何を考え感じるかを反映していることになる。それでもわたしはこれらの疑問を発する――あなたが女性だったら、暗い夜道をひとりきりで、もめごとに巻きこまれたり強姦されることなしに歩いていくことができるだろうか？　映画館に入り、上映作にまったく興味のない人間にすぐ隣に座られる危険をおかすことなく座席につくことができる？　ひとりでパブに行き、連れのいない女性はどんな男性にとっても楽にナンパできる対象に見られがちだと感じることなく過ごせる？　したがって女性であるということは、女性的に感じ、女性的に表現する両方であり、かつまた（少なくともいまの時点では）女性が命じられる彼女はどうある「べきか」に反抗することでもある。この矛盾はわたしたちの人生に混沌を生み出すし、もしもわたしたちがリアルであろうとするのなら、これまで自分たちに押しつけられてきたものを無視し、自分たちの人生を新たなやり方で創造（ときに作り直すこともあるだろう）する必要がある――アートにおいて、職場で、家庭内で、街路で、お店で、会議の場で、わたしたちの恋人（それが男性でも女性でも）との関係で、わたしたちの見た目において、そのほかもろもろのエトセトラ、エトセトラ……。

いったん筆を止め、こうしたすべてについてしばし考えてみる。どれだけ多くのクソがいたる所にあるかを、どれだけ多くのことにまつわる偏見が存在するかを思い起こさせられる——セックス、階級、肉体的な外見、金、洋服、国、人格、エトセトラ、エトセトラ。おえっ！

この世界で起こっていることのあまりに多くが、このくだらないすべてに支配されているように思える。というわけで、わたしたちのやっていることは、いくらかでもこの状況を変えているんだろうか？　P.I.L.のやっていることはなんらかの変化をもたらしている？　あるいはスクリッティ・ポリッティ、ペレ・ウブ、レッド・クレイヨラ、〈ラフ・トレード〉等々のやっていることはどうだろう？　わたしはそうだと思う。人の起こすあらゆる行動は、影響を持つ。そしてそれに対するうちこみ方が強ければ強いほど、その人間が働くことを選択したフィールドがなんであれ、その結果は更に効果的なものになっていく。完璧さはまだ実に、本当にほど遠いところにあるとはいえ、何かに、どこかに、誰かに向かおうとする道のりそのものに、それ独自の価値、面白み、あるいは魅力が備わることはある。

——アナ・ダ・シルヴァ、一九八〇年

オフ・デューティ・トリップ

ただの、公園にいるカップルの図
暗闇に紛れて例の性遊戯にふけっているだけ
彼女の悲鳴を耳にし通り過ぎた者たちは
愛の若々しい夢を思い出しただけ
彼の腕に抱かれての取っ組み合いは
彼の魅力の強さを証明するばかり

それは不吉な音の傾きではじまる。〝オフ・デューティ・トリップ〟は当時実際に起きた事件の報道に対するリアクションとして書かれた。「あれは実にひどい、残酷なレイプ事件だった——犯人の男は手にいくつかはめた指環で彼女を陵辱した」とヴィッキーは言う。その兵士は軍隊内での地位、男性をかばうあの制度的な安全で保護されていた。ヴィッキーは『NME』にこう語った――「判事は彼にズタズタにされた女性のためにいくらかでも正義を勝ち取る代わりに、彼の軍でのキャリアを救うことの方が優先されるべきだと判断したわけ」。この歌の好戦的なドラムが繰り出す荒れ模様でおぼつかないテンポは、ジュッと焦がされてはっと足を止めるムード、夜遅くに家に帰ろうとしていて、数フィートごとに立ち止まり振り返って誰かにあとをつけられていないか確認するかのようなムードを作り出す。曲のエモーショナルな調子は直截の怒りであり、ヴィッキーの深い声はほぼバロックと言っていい響きだ。

『ザ・レインコーツ』の表層をめくると、そこにはしばしばいたましいテーマ――レイプ、自殺、疎外感、誰かからの拒絶、疑い――が登場するが、これはきっと楽しい音楽だとあなたが信じこまされてもおかしくない。だが、〝オフ・デューティ・トリップ〟はそうはいかない。当のヴィッキーも、レインコーツよりダークでいかめしいタイプのポスト・パンク同期生に惹きつけられていた。一九七九年におこなったツアーのダイアリーのなかで、アナはレインコーツとクリネックスのメンバーが移動用ヴァンのなかで何をやって過ごしていたかをこんな風に描写した――「パーモリーヴは袋のなかにツバを吐く」、「マルレーネは退屈げだ」、「ヴィッキーはギャング・オブ・フォーに関する記事を読みふけっている」

おい女、お前はピンで留められているんだ

お前の前にそびえる壁に
兵士の生活はとてもタフなんだ
戦闘が終わったところで　兵士には優しい愛の手が必要

プロフェッショナルの群れに加わろう!

〝オフ・デューティ・トリップ〟はいまなお、もっとも露骨に政治的なレインコーツ曲だ。実に異色な曲だったし、実際、この曲の歌詞を書いたのはバンドのメンバーではなかった。作詞したのはヴィッキーの友人でスクウォットの同居人だったキャロライン・スコットで、彼女はミュージシャンではなく〈ラフ・トレード〉の経理部で働いていた。キャロラインとヴィッキーは政治を通じて仲よくなり、よく時事ニュースについて議論したものだった。性的暴行は繰り返し話題にのぼった。この曲は彼女たちの会話から生まれた。

お前がもしも抵抗しようとしたら
お前の俺への借りはキスひとつ程度じゃないんだ

このこめられた弾丸のすべてがそうだ
俺はお前に酒を一杯買ってやったじゃないか、なぁ……
俺たちふたり、手に手を取って歩いていこう

プロフェッショナルな連中を救おう!

バンドが連呼した「プロフェッショナルの群れに加わろう!」のフレーズは、職業軍人と彼らに与えられた法からの免責という腐敗に向けられたものだった。「(英国軍が) 新兵を勧誘しようとするとき、彼らは『プロフェッショナルの群れに加わろう (Join the professionals)』ともちかける。さも、入隊するのは尊厳に値することだと言わんばかりに」とヴィッキーは言う。「そして、軍は〝非のうちどころがない〟。彼らは〝プロフェッショナル〟。彼らが〝間違いをおかしたことは絶対にない〟と。言うまでもなくその点は、あの曲の残りの部分で帳消しになる」

ということは、〝オフ・デューティ・トリップ〟のテーマは、制度的な文脈すべてに当てはまることになる。「彼らの職業のせいで、あなたがある軍人に罪状を問えないとしたら、あなたは彼らの側の職業規則によって黙殺されたことになる」とヴィッキーは言う。「彼らはさんざん、我々の職業規則はいかにプ

ロフェッショナルかと自慢するけれども、そんなことはない。あれはとても濫用されやすい規約だ。それは、教会の牧師も、銀行家も同じことだし、更に言えば、彼らに対して誰も声をあげないがゆえに真実から保護されている、そんなプロフェッショナルな環境にいる人間の誰にでも当てはまる」

海辺の町、休暇中に出かけた場所
生身の肉体をつかまえ　さあ切り裂こう
彼の指にはまったいくつもの指環で鋭く
いまだに残るあと味のように鋭い指環で
エロ本の見開きページの今月の人気スター
彼の頭に浮かぶのは五十七人のページ・スリーの女の子の類い

プロフェッショナルは刑務所とは無縁！

ヴィッキーにとって、〝オフ・デューティ・トリップ〟の歌詞はほかと関連性のない強姦事件の実例以上のものだった。むしろあの歌詞はレイプ・カルチャー全般——女性を欲望の対象にする日常的な行為がそこにどれだけ貢献しているか、そしてピンナップ写真やポルノがいかに抑圧型のメンタリティを強化しているか——についてだった（歌詞の「ページ・スリー」はイギリスの大衆日刊紙『ザ・サン』が続けてきた目玉記事ページを指す。同紙は一九七〇年にトップレス姿の女性の写真を掲載しはじめ、ときに一〇代の少女の写真も含まれた）。キャロライン・スコットは後に『NME』に投書し、同紙の『ザ・レインコーツ』評は「あの曲を〝脱政治化〟することで、曲の意図を曲げている……あの曲は文字通りレイプそのものについてというよりも……むしろ、レイプ行為が起こるのを可能にしている、日常的な男性暴力の文脈に関するものだ」と説明した。

インタヴューの場で、ヴィッキーは『NME』にこう語った——「ピンナップ写真、マスコミ、強姦事件の報道ぶり、広告——こうしたもののすべてが女性の一定のイメージ／描かれ方に貢献しているし、そのイメージは彼女たちにはいつでも好きなときに手を出せる、女性に対する暴力は社会的に許容される、ゆえにレイプも許される、というものだ……そんなわけで、実際に起きたある事件に基づいたものではあっても、あの曲はそうした背景全体——ピンナップ写真ほかを通じて構築されたイデオロギーと関わっている。女性を性的対象／モノとして見るという常に続いている行為、そのもっとも極端な形がレイプ。そのもっとも暴力的な表現があれだ。けれどもあの歌はそれと同じくらいに、たとえば男性からヒューッと口笛を吹かれてひやかされる不快な経験について、でもある。それもすべて同じこと（＝女性のモノ化）の一部だから」。歌詞だけではなく、脱構築された〝オフ・デューティ・トリップ〟でも――『ザ・レインコーツ』収録曲のすべてと同様――変動を求める集団としてのメッセージは共有されている。とりわけまごついた様子のファンジン・ライターに対してアナはこう話したことがある――「あれは単なるお話ではなく、何かを伝える手段だ」。〝オフ・デューティ・トリップ〟はいまなお、九〇年代のライオット・ガールだけではなくフガジといった政治性の強いバンドたち、そして正義を求めはっきりとアジを飛ばす今日のアート・パンクの系譜全体にとって、血のつながった祖先に当たる曲だ。

乱暴な男たち

レインコーツの使う機材群の運搬用ケースのひとつを眺めると、そのしみはいまだに見て取れる。ステージで演奏中だったバンドに向かって投げつけられたトマト、その実物の汚れの跡だ。一九八一年に起きた出来事だった。レインコーツはツアー中で、バーミンガムでの二夜連続公演で人気レゲエ・バンド、UB40の前座を務めた。UB40を観に来た観客はもっととっつきやすい音楽――チューニングの合った、スキャンク・グルーヴに乗って踊れるもの――の方が好みであると、彼らははっきり意思表明した。一夜目、オーディエンスはポケットの中身をありたけぶつけた。二夜目、彼らは野菜を持ちこんだ。ある意味、あれはレインコーツがおこなったなかでもっともパンクなギグだった——できるだけ速くステージから撤退するために、彼女たちは何もかも通常以上のスピードで演奏した。しかしトマトは、レインコーツがイタリアで演奏した際に投げこまれた火のついたいくつもの煙草よりはマシだった。

レインコーツは愛されたし、いまも愛される存在だが、それと同じくらい嫌悪されもした。そしてレインコーツを蔑視したジャーナリストの何人かは主義に基づいた、無条件な反フェミニズムをふりかざすように映った。これら女性嫌いの批評家たちはよく敵意をあらわにしたまに剣呑なこともあったとはいえ、概して言えばそれ以上に、バンドを適当にあしらいからかっていた。『フェアリーテイル』EPのレヴューで『レコード・ミラー』は「レインコーツは音楽にとって、本物の食べ物にとってのウィンピー・バー（※ファストフード・チェーンの名称。「wimpy」には弱虫の意味もあり）に当たる」と評し、その記事には見下し気味な言葉使いも多くグループを「ちっちゃなお嬢ちゃんたち」と呼んだ（後にとあるファンジン・ライターは「ウィンピー・バーがあんなに美味しいなんて知らなかった！」と反撃した）。六月に『NME』が掲載したパブリック・イメージのプロフィール記事のなかに、話が展開する場面のひとつで登場するレインコーツのギグの描写はこうだった——「今夜のレインコーツの演奏は本当にお粗末で、給仕がトレーを落っことすたび、我々は立ち上がってダンスしたほどだった」。ジンや音楽紙は彼女たちを

「お笑いぐさ」、「聴くにたえない苦痛」、「不快そのもの」、「傲慢」と呼んだ。ある男性批評家は『ザ・レインコーツ』にはいかに「共感できる要素が一切ないか」を嘆いた。あるファンジン・ライターは「フェミニズムのなんたるかがこれだとしたら、自分は性差別者でいい！」と書いた。

なかでももっとも敵対心むきだしだったのが『サウンズ』のデイヴィッド・マカローだった。クリネックス／レインコーツ・ツアーのロンドン公演評で、彼はスイス人グループのクリネックスを「かわいいお嬢さん旅行者集団」と呼び、レインコーツのヴォーカルを「反かわいこちゃんな、女同士で結託し男どもに反旗を翻そう型の歌声」と形容し「我々は頑強に男性的な表現様式のなかで創作している女性であるという点に対して彼女たち自身の抱く非常に強い誇りの念は、セットが終わる頃までには、ややギミック色が強過ぎるものになっていく」と書いた。そして『グローヴ（※レインコーツと〈ラフ・トレード〉の拠点だったラドブローク・グローヴもしくはウェストボーン・グローヴの意）から発されたわめき声』と題されたマカローの『ザ・レインコーツ』アルバム評は支離滅裂な内容で、論の中心はこのアルバムがいかに「愛」に欠けているかという点だった（その批評は、通りで見かけた若い女性に「かわいらしく笑顔を見せてよ」と求める捕食動物型男性を思わせる）。彼はこの「ひとりよがりな」バンドは「彼女らの政治できみたちの頭をぶちのめし」、またアルバムには「我々の共有する人間性のにおいが一切ない」ゆえに「ぼくは最初からむかつかされっぱなしだ」と述べる。

激怒したアナは『サウンズ』に投書し、十二月十五日付の同紙に掲載された。「わたしはこの手紙を、あなたたちはなんと鈍感で、近視眼で、知性に欠けた連中（すなわち男性。なぜなら女性はあなたたちの『素晴らしい聖戦』とやらにまったく関わっていないようなので）を雇っているか、とにかくそれを伝えたくて書いている」という出だしだ。彼女はマカローの「嘘っぱちと誤った解釈（ただの『個人的な意見』で済まない事柄というのはちゃんとある）」をずばり指摘した。「わたしたちのレコードについての文章、あれを書こうと彼をインスパイアしたのは、果たして愚かさだったんだろうか？」とアナは問うた。「それともあれは、何ヶ月か前に彼との取材を断ったわたしたちに対する復讐？」

ジグソー・ユース

ビキニ・キルが九〇年代初頭にライヴをはじめた頃——そうやってかつてなかった勢いでラディカルなフェミニスト・アートのカウンターカルチャーを育んでいった——に、パンクの女性史は比較的最近の話であり、情報はなかなか伝わってこなかった。そこでビキニ・キルはバンド名のリストを手書きし、彼女たちのギグに来た女の子たちに配布した。「誰かの腕、レコード、ナプキン、なんにだってあのリストを書いたものだった――わたしたちは休むことなくあれをやっていた」とトビー・ヴェイルは言う。

ヴェイルは続ける。「自分たちがやろうとしていたことのひとつは、わたしたちは歴史の一部であるとほかの女の子たちに気づかせることだった――単なる歴史の参観者でも、あるいはファンとしての音楽消費者でもなく、わたしたちも実際にアクティヴに参加しているしその世界の一部なんだ、と。セオリーとしては、いったん自分に声があると気がついたら、参加を通じてカルチャーに介入していくことができるようになるし、その介入行為にはその人を変容させるほどの力が備わる。もちろん、わたしたちにあるこれら様々なフィルター、たとえばメディアや主流派な歴史記述を通すと、女性がその物語から取り除かれる、マンガ調なキャラクターに変えられる、あるいはとるに足らない存在に描かれたりする図にはよく出くわすわけだけれども」

「わたしたちはそれを迂回し、男性に支配されたコミュニケーション機構から外れた場所に自分たち独自のメディアを作り出し、あれらのグループをわたしたちのヒーローとして奪還しようとしていた。わたしたちは積極的にこれをやっていた。このヒストリーに関する情報を皆で分け合うのは、わたしたちがショウでやったことの大きな部分を占めていた……正直、自分たちもその歴史を少ししかわかっていなかったし、ミックス・テープに何曲か入っていて聴いたことがあるとかレコードを数枚持っていた程度で、わたしたちは何もその筋の専門家ではなかった。少なくとも、はじめのうちはそうだった」

ビキニ・キルがレインコーツに一九九三年に会ったとき——英ツアー時のことで、ツアーの模様はルーシー・セインの短編映画『イット・チェンジド・マイ・ライフ』に記録されている——に、アナはヴェイルに『ザ・レインコーツ・ブックレット』を一部進呈した。「彼女たちもまた、優勢を占めていたメディアの枠組みの外側で自分たち独自に記録を残すという、同様の戦略をとっていたことが自分にもはっきりわかった」とヴェイルは言う。「わたしたちは似たようなことを、形式は必ずしも同じではなかったかもしれないけど、文化的には同類なことをやっていた気がする。自分自身で自分の作品／活動をドキュメントし、ほかの女性／女の子たちに直接話しかけ、男性支配の外にひとつのコミュニティを作り出すことを通じて」

団結

レインコーツが全員一緒にシャウトするコーラス、それは立ち上がり、領地を少し挽回するサウンドだ。彼女たちが共同作業をすると、それは団結のサウンドになる。『ザ・レインコーツ』はこの感覚を蒸溜・凝縮しながら終わりを迎える。そして彼女たち自身この感覚を存分に満喫していたのは、あるツアー評でも指摘されている——「〝ノー・ルッキング〟は大抵二回演奏され、またアンコールとしても演奏された——なぜかと言えば、メンバーの発言を引用すると『ほかにもう曲の持ち合わせがないから』になる」

黙ったままで　見ずにいる
言葉を発することなく　わたしに話しかけてくる
こちらを見ずに　わたしを残し去っていく
去ることなしに　わたしを見る……
しゃべることなしに　わたしを見る
こちらを見ずに　わたしに話しかけてくる
わたしは見ていない
わたしはしゃべっていない
わたしのことを見ていない

誰かを実際以下にちっぽけな存在と思わせるやり方には色々ある。無情なのは無視することだ。〝ノー・ルッキング〟は、主人公の女性に話しかけることも、視線を向けることもなく、なんであれ彼女を活気づけることに無関心な男性についての歌だ。それは女性が黙殺され、無視された際に起こる感情面でのマニピュレーションを描写する(この曲でわたしが思い出すのはビキニ・キルの〝アイ・ヘイト・デンジャー〟で、怒りに満ちたヴェイルの『とっくの昔に、一時間前にわたしは話すのをやめた』のリフレインがパワフルな曲だ)。〝ノー・ルッキング〟はこの、自分は心理的に隅に追いやられている、真剣に受け止められていないという、怒りで頭に血がのぼってくる感覚に実体を伴うフォルムをもたらす。

レインコーツは曲の題材を捕まえると共に妨害する。彼女たちは〝ノー・ルッキング〟の落胆を撃破する。彼女たちはその落胆を一団となって乗り越えていく。〝ノー・ルッキング〟は『ザ・レインコーツ』のなかでももっとも陰気な曲としてはじまり、おしまいまでには曲そのものに備わった悲しみを完全に打破してしまう。この歌の息を飲まされるスリリングな熱狂は全員が一斉に空に向けて飛ばす大騒ぎで幕を閉じるが、それはあたかもレインコーツがバッドな気分を地面に放り出し、捨て去って行くかのように響く。

「あれは愛を求めているのに結びつきを生むことのできないふたりの人間の間に横たわる空間、それについての歌だとわたしは思う」とジーナは言う。「もしかしたら彼には、自分の気持ちを言い表す言葉が見つからないのかもしれない。言葉は浮かんでこないし、彼は彼女の目を見ることができない。たぶん彼は無口な人で、たぶん言葉に詰まって、うちひしがれているのかもしれない。煙草の煙の輪を吐き出すのは、恐れを隠すためのおとりじゃないかと思えるし……彼がいなくなったあとで、彼女は正気を失い、混乱し、頭がごちゃごちゃな状態になる」

〝ノー・ルッキング〟はジェフ・トラヴィスがもっとも好きなレインコーツの歌だ。「あの、恋愛関係にまつわる心理の分析が好きだね」と彼は言う。「そしてとにかくこの世界のなかの自分の居場所がわからない、もうひとりの人間が何を考えているのかわからない、というもどかしい感覚についても。ところがそう言いつつ、あれはパワーを取り返してもいる。あれはちゃんとした三次元的な個人として存在しているんだ——耳ざわりで目立つことも、あるいは説教くさくなることもなしにそれをやるがむずかしいこの世界でね。自己憐憫まみれの曲ではない、だがそれを非常にあっさり平易に述べていて、その点はかなり革命的だ」

一九七九年に、パンク—フェミニストのコミュニティは存在しなかった。それにも関わらずレインコーツが助け合って活動し、ユニゾンでシャウトを張りあげる様を聴くのは、パワフルで美しい体験だ。それは奇妙な陶酔だ。それは奇跡だ。それは女性たちが力を合わせて孤立を破壊してみせる、めったにない貴重なサウンドだ。

結びに　Epilogue

あなたはどんな風にレインコーツを知りましたか？

レインコーツがお茶の間レヴェルで通じる存在になることはまずないだろうというのは、妥当な考え方だ。しかしこのバンドを知らずにいる運命だった人々もまた、思いがけないきっかけで彼らに行き当たりその音楽を耳にしていたかもしれない。一九九九年に、なんとも素敵で奇妙な運命のひとひねりが起こった。九〇年代にもっとも避けて通ることのできなかったティーンエイジャー向け大ヒット映画の一本で、レインコーツの名が登場したのだ。驚くなかれ――『恋のからさわぎ』だ。

映画の狙いはシェイクスピアの『じゃじゃ馬ならし』をフェミニストの観点から語り直すというものだった。舞台はシアトル郊外の高校で、筋書きはチャーミングに入り組んでいる。『恋のからさわぎ』は反社会的な反逆児のキャットという名の少女（ジュリア・スタイルズ）をめぐるストーリーで、彼女はニューヨークのリベラルなアート・カレッジへの進学と、ギターを買いバンドをはじめることを夢見ている。彼女は自分の高校の「抑圧的な家父長制の価値観」――シモーヌ・ド・ボーヴォワールではなく、「他者を虐待しアル中で女性嫌いだった」ヘミングウェイを生徒に教えるとは何ごとか？　と――に抗議し、同学年の連中および「消費者主義に駆られた彼らの無意味な人生の哀れな空虚さ」をおおむね拒絶する。
　その学校の、同じくはみ出し者のパトリック（ヒース・レジャー）は金で雇われてキャットのハートを射止めることになる。キャットの主な関心事は「タイ料理、フェミニストの散文、インディ・ロック派の怒れる女の子の音楽」だと知らされるや、彼は苛立たしげに「ってことは、彼女にヌードルをおごり、本を買ってやり、楽器もロクに弾けない女の子たちの音楽を一緒に聴かなくちゃならないわけ？」と返す。ある晩、地元のクラブ〈スカンク〉にキャットのお気に入りバンドが出演し、パトリックは彼女を追いクラブに向かう。キャットが水のボトルを買いに行こうとすると、パトリックが——彼女は侮蔑の眼差しを向ける——バーのスツールに腰掛け、彼女を待ち構えている姿が目に入る。

キャット「またわたしをデートに誘うつもりでいるんなら、さっさとそう白状したら」
パトリック「（大音量の音楽越しに）構わない？　せっかくの計画をきみに台無しにされたな」
キャット「いつものあなたらしくないね、例のハッパの煙に巻かれてなくて」
パトリック「そう、吸うのはやめた。どうも身体に悪いらしいし」
キャット「本当にそう思う？」
パトリック「でもさ、この連中、もちろんビキニ・キルでもレインコーツでもないけど、悪くない、イイ線いってるよ」
（パトリックはバーを離れる。面食らった様子でキャットはあとについていく）
キャット「レインコーツが誰か、あなた知ってるんだ？」
パトリック「なんで、当たり前じゃん？」

ここでのレインコーツは鍵で、共有された秘密のドアを開ける役割を果たしている。バンドは突如としてキャットのアイデンティティの重要な位置を占める存在になる――プロムを嫌悪し、（シルヴィア・プラスの）『ベル・ジャー』を読み、平静をかき乱し、偶像破壊型の、レインコーツ好きな少女。レインコーツが転換点となり、彼女たちが持ち出されたところで映画の進路は変化していく。暗号が取り交わされ、キャットは以前よりほんの少しパトリックを信用するようになる。レインコーツが共通の関心事であれば、本当に多くのことを質問せずに済むのだ。「ある意味、自分が誰かを好きなことに気づくのに少し似ている」と、『恋のからさわぎ』の共同脚本家キーウィ・スミスはわたしに話してくれた。「相手も自分もどちらもレインコーツが誰かを知っているか、というのは」
「わたしはあれをリアルでカウンターカルチャー的で、よく知られていない感覚のあるものにしたかった」とスミスは彼女の用いた参照点について語る。「レインコーツはエキセントリックな感じだったし、その点はわたしに訴えてきた——ほかとは違う気がした。彼女たちはプライヴェートで好奇心が強そうに聞こえたし、一風変わった人々っぽい印象だったけど、でも間違いなくとても女性的だった。彼女たちの装い方はシンプルだったし、そこには魅せられた。レインコーツはこう、『わたしを見て！』な面が薄くて、それはこのムーヴメント（＝フェミニスト・パンク）にはあらゆる類いの女性の居場所がある、と示しているように思えた。それは美しい奇人かもしれない。ロンドンから来た、ひたすら自分のアートを作っているだけの謎めいた女性であってもいい」

九〇年代初期、グランジ時代のシアトルで、自称「やる気いっぱいなよちよち歩きのインディ・ロック・ガール」だったスミスはウィンドーを下ろしてVWジェッタを乗り回しながら「わたしは世界を征服するんだ！」と考えていた。そんな彼女のサウンドトラックがレインコーツだった。彼女は雑誌『サッシー』が掲載したカート・コベインのインタヴュー記事経由でレインコーツを発見した。「あれは男性ロック・スターが全員女性メンバーのバンドを取材のなかでレコメンした、最初の例のひとつだった——めずらしいなと思えた」

スミスは続ける。「わたしがレインコーツにハマっていった頃、自分はストーリーを語る準備が整いつつある、そんな風に感じていた。自分には証明したい何かがあったし、これらの女性ミュージシャンたちがわたしの人生を変えていったように、自分も誰かの人生を変えることのできる女性キャラクターを作り出したかった」

長い間無名に近い存在だった時期のあとで、レインコーツの名はマス規模ではどうしても理解されがたい、おとなしいタイプのアートと同義語になっていた。『恋のからさわぎ』は封切り週に興収八百万ドル以上をはじき出した――この、彼女たちのデビュー作『フェアリーテイル』EP発表からかっきり二十年後に公開された映画のなかで、登場人物がレインコーツを持ち出すというのはなんとも不思議だ。彼女たち自身の物語が古典的なお話――負け犬たちの地道で、あり得ない勝利のお話――になりつつあったところで、レインコーツの名は世界各地の映画館に響いたことになる。

それから十七年後の二〇一六年、映画監督マイク・ミルズは自作『20センチュリー・ウーマン』の一場面の中心に〝フェアリーテイル・イン・ザ・スーパーマーケット〟を据えた。一九七九年頃のカリフォルニア州サンタ・バーバラを舞台にした『20センチュリー・ウーマン』は、ドロシー(アネット・ベニング)という名のチェーン・スモーカーで五十歳くらいのシングル・マザーの物語を綴っていく。彼女は洞察力豊かな十代のスケーター少年である息子ジェイミー(ルーカス・ジェイド・ズマン)を変わった家庭環境で育てている。ドロシーはふたりの下宿人に部屋を貸しており、うちひとりのアビー(グレタ・ガーウィグ)は二十歳くらいの写真家で、やがてジェイミーの養育を手伝う役を任されることになる。愉快なことに、この映画のキモはジェイミーがアビーのお気に入りのパンク・レコードの数々とフェミニスト文学の手ほどきを受けるところにある。『20センチュリー・ウーマン』の最初のあたりで、アビーとジェイミーが床の上に座り〝フェアリーテイル〟を聴いているところに、困惑した表情のドロシーが入ってくる場面が出てくる。

ドロシー「何を聴いてるの？」
アビー「レインコーツ」
ドロシー「かわいらしいだけじゃいけないの？」
ジェイミー「〝かわいらしい〟音楽は、社会がどれだけ不平等で腐敗しているかを隠すのに使われるんだ」
ドロシー「ああ、なるほど——じゃあ、彼女たちはあんまり出来がよくなくて、それを自覚している、と。そういうこと？」
アビー「うん、彼女たちはこの、あるフィーリングを抱いていて、でもスキルは全然ないし、それに別にスキルを求めてもいない、みたいな。というのも、情熱がそれに対応するための手持ちのツールより大きいと何が起こるか、それはとても興味深いものだから。そこからこの、生々しいエネルギーが生まれるわけ。最高じゃない？」

（途方に暮れた表情でドロシーは部屋から出ていく）

アビーがうっとりした様子で繰り広げるレインコーツに関するモノローグは、グリール・マーカスが一九八三年に発表した、レインコーツのライヴ・カセット『ザ・キッチン・テープス』のライナーノーツ向けのエッセイ『無秩序な自然主義（Disorderly Naturalism）』にインスパイアされている。この文章のなかでマーカスはレインコーツの音楽がいかに「パンクのプロセス」を、「巨大なフィーリングとごく限られたテクニックの組み合わせからの離脱――更にはっきり言えば、非常に限られたテクニックが最初に引き起こした波風、それによって解放された巨大なフィーリング」と定義されたものを捉えていたかをひもといた。

ミルズはこの場面の撮影のためにガーウィグに同エッセイを紹介した。「あの映画のなかでグレタが話していることはグリールの書いた『パンクのプロセス』の文章を消化したものだ」と彼は言う。しかしミルズによれば、『20センチュリー・ウーマン』そのものがレインコーツにインスパイアされていた（同作の脚本はアカデミー賞にノミネートされた）。「ぼくの作る映画はプロットの構造をあまり しっかり追っていかない」とミルズは言う。「ちゃんとした結末のない、一種オープン・エンディングな映画ということだし、レインコーツに関しては何もかもがオープンなままで、オチがない。あの一枚目のレコードの音楽にはぐらぐらしたところがある。その脆さにはどこかしら、人間的でこちらを迎え入れてくれるところがある。色々な意味で、脚本に関して言えば、あの作品でぼくもそれをやろうとしていた」

わたし自身、レインコーツのロジックをよく自分の実人生に当てはめようとする。ミルズはそこを理解している。「レインコーツというのは本当にこの、美しく破綻した声明について、というのが大きいからね。その意味で、彼女たちはこの映画の哲学と響き合っているんだよ、人々の間に生まれる不完全な結びつき、そして不完全な人々全般を守り立てていこう、という哲学を。自分はきっとこうなるはずだ、あるいは自分はこうなりたいと思っている姿をあらゆる人間が実現できるはずがない。けれどもその混乱のなかにも、素敵な結びつきの瞬間であったり、ちょっとした優雅さの瞬間は訪れる。あの音楽は、それと同じプロジェクトを別の形でやっている、ぼくにはそんな気がする」

エンジェルたち

本書の執筆中に、わたしはレインコーツが演奏するところを四回観ることができた。一回目は、あれはもっとも奇妙な状況だったが、二〇一五年春にシプリアーニ・ウォール・ストリートにあるニューヨークの前衛アート・スペース〈ザ・キッチン〉で開催されたガラ・パーティにレインコーツが出演したときだった。現れたのはアナとジーナだけだったが、ある程度納得のいく出演だった――ここで『ザ・キッチン・テープス』を収録したレインコーツとこの会場の間には歴史があるのだから。だが、その対比は多くを語るものだった。きらめくシャンデリア、スーツやドレスで着飾った面々に逆に引き立てられる形で、レインコーツのシンプルさと強さは感動的なまでに強調されていた。この年の同パーティはキム・ゴードンとコンセプチュアル・アーティストのダン・グレアムとを讃えるものだった。ゴードンはレインコーツの熱心なファンであり、彼女たちの精神は彼女の淡々としたクールさにこだましている。二〇一四年に発表した回想録のなかで、ゴードンはこう記している。

ソニック・ユースがイギリスでツアーしたとき、ジャーナリストたちはわたしをつかまえて同じ質問を繰り返した――「バンドにいる女の子をやっているのはどんな気分?」。正直、考えたことはなかった。大半を男性が占めるイギリスの音楽メディアは、いざ面と向かうと臆病そうでこちらに向かってはこなかった。だが彼らはきっと、自宅に帰るや残酷で、年齢差別な、性差別なあれこれを書き散らすのだろう。わたしはいつも、それはきっと彼らは女性が怖いからだと思ってきた……そんなわたしも、前もって書かれた役割を自ら演じることに対する違和感を彼らライター諸氏にぶつけていたかもしれない。だが、わたしはゲームへの参加を拒んできた。自分はスージー（・スー）やリディア・ランチのような格好はしたくなかったし、想像上の女性にあてがわれた役割、わたし自身より彼らのことを多く物語る役回りを演じたくもなかった。とにかく、それはわたし本人ではなかった。

それゆえに、わたしは英国産のバンド、レインコーツをクールかつ霊感に満ちた存在だと思った。彼女たちは全員女性のポスト・パンク・バンドで非商業的な音楽をプレイした——リズミカルで風変わりな音楽を。彼女たちは非凡な音楽を演奏しているごく普通の人々という風に映った。彼女たちは典型的な楽器構成も用いなかった。

そこにはあらゆる類いのステレオタイプに反駁しながら演奏し、歌う女性たちがいた。しかし彼女たちはそれをさりげなく、音楽性豊かに、おだやかに、神秘的にやっていた。ロックとパンクにつきものの攻撃性は抜きで、奇抜さを誇らしげに見せびらかすこともなしに。

そのパーティで、ジーナは自らカスタマイズした黒いズボンをはいて登場した。脚に「世界を大事にしよう（UNFUCKTHEWORLD）」の文字が走っていた。ジーナのズボンを見て、わたしはシンガー・ソングライターのエンジェル・オルセンを即座に思い出した。彼女の二〇一四年のアルバム『バーン・ファイア・フォー・ノー・ウィットネス』は簡素でエレガントな曲〝アンファックザワールド〟で幕を開ける。わたしの頭のなかでエンジェル―レインコーツのつながりは明白だった。どちらも自らを冷静にコントロールすることについて歌い、その声と韻律という意味で非常に詩的な音楽を作っている。双方に共通するテーマは寂しさと尊厳。それとわかる、この世界を耐えている感覚もある。何より決定的なのは、両者の歌詞に宿る真実は色や血と同じくらい根元的であることだ。それらの点すべてが、「生き、混沌を吸いこみ、優雅さを吐き出すのはなんと雄弁なことか」と言っているように思える。

　このパーティの六ヶ月前、ロンドンで、アナとわたしはタルボット・ロードにある〈ラフ・トレード〉のショップを訪れた。わたしは壁に飾られた『バーン・ユア・ファイア・フォー・ノー・ウィットネス』のＣＤを指し示した。あの年のわたしがいちばん好きなアルバムはこれだとアナに告げた。彼女はあとで店に戻って同作を購入した。その夏、ポルトガルを車で旅していた間にアナとシャーリーはオルセンの音楽に惚れこみ、そこから彼女の音楽がわたしたちの会話の焦点になっていった。彼女たちのオルセン好きには、電流の走った興奮のようなものが感じられた。わたしの思い違いかもしれないが、オルセンを紹介したことで、彼女たちはもう少しわたしを信頼しはじめてくれたように思えた。あるいはもしかしたら、あれが鍵だったのだ。

*

二〇一六年十一月三日、ロンドンの〈イズリントン・アッセンブリー・ホール〉で、レインコーツはエンジェル・オルセンとステージに立った。このときのラインナップはアナ、ジーナ、ヴァイオリン奏者のアン・ウッド、ドラムスにヴァイス・クーラー。そこにオルセンのバンドからベース奏者のエミリー・エラージとバッキング・シンガーのヘザー・マッキンタイアが加わった。六人の女性が一列に並んで立ち、エレクトリック・ギターが五本。彼女たちはフランス製の縞のブレトン・シャツを着ていた。その佇まいにはあなどりがたいものがあった。ショウは〈ラフ・トレード〉四十周年を祝う一連のイヴェントの一環だった。ライヴでのコラボレートのためにコンテンポラリーなアーティストをひと組選ぶよう依頼されたレインコーツは、即座にオルセンに連絡をとった。

レインコーツとオルセンはそれぞれの楽曲を代わる代わる演奏していった。両者はパティ・スミスの〝ビコーズ・ザ・ナイト〟をカヴァーした。ジーナは歌詞カードを前に置いて歌った。オルセンの奏でるジュークボックス調なロックンロールはアナのミニマルなギター・スタイルの独自性を際立たせた。〝ザ・ヴォイド〟で両者の歌声――アナの声は落ち着いた重々しい色味を帯び、エンジェルはアナーキックな震え声——が混じり合ったとき、それは時間のサウンド、約束のサウンドが前に向かって押し進められた瞬間だった。

二日後、海辺の街ブライトンにあるキャパ二百のコミュニティ・センター〈ウェスト・ヒル・ホール〉で、レインコーツはセットを二回披露した。オルセンとのコラボ・ギグのために実に入念に練習を重ねただけに、これら二本のセットはレインコーツのバンド・ヒストリー上おそらくもっともタイトに引き締まったもののひとつだった。あれだけリハーサルをやっても、やはりアナが一曲目の冒頭数小節でチャーミングにつまずくのを避けることはできなかった。「わたしたちはプロフェッショナルにやろうとしているんだけど」と彼女は言った。「わたしたちは物忘れしてしまう。これまでもずっとそうだった」。いつものごとく、レインコーツのウィットと喜びの感覚は場のムードを高揚させていた。「今日のわたしたち、裏に隠した縫い目をぜんぶ見せてるよねぇ」とジーナが笑いこけた。「裏返しに着た洋服みたいに」

*

二〇〇〇年に発表した小説『クール・フォー・ユー』のなかで、著者アイリーン・マイルズはマンハッタンのダウンタウンの壁に寄りかかり、夜のしじまにいる見知らぬ人の様子を観察する。「彼女はどこか漂っているように見えた……ひとりきりで、彼女は自身の考えにふけっている……彼女はある意味悲しげで、ある意味自由そうだった」。『ザ・レインコーツ』はわたしをその何にもつながれていない空間へと連れ出す。それはわたしにとって、アートが連れていってくれるもっとも正直な場所だ。そこでわたしたちは、この世界から信じこまされている以上に、自分たちの運命を握っているのは自分自身であることを教えられる。

ジーナはわたしに何度か、この『レインコーツ』本をわたしは「パーソナル」なものにするつもりか？とたずねてきた。それにどううまく返事をすればいいのか、わたしはわからずにいる。『ザ・レインコーツ』で鳴らされるあらゆる小節が自分の人間性と波長が合っていると感じるだけに、この本はまるまる一冊、パーソナルな内容なのだ。「誰もあなたに生き方を教えてくれやしない」――あるいは、誰も考え方を、聴き方を、愛し方を、書き方を教えてはくれない。けれども『ザ・レインコーツ』という作品は、再生するたび、わたしに心理面そして感情面での強さを与えてくれる。わかったのは、実は鏡を見つめる以上に――まるで時間を越えて回されてくるメモのように――このアルバムは、しばしばわたしの目に映らない何かを自分のなかに見出すのを助けてくれるということだ。すなわち、わたしはひとりぼっちではない、と。

謝辞　Acknowledgments

この本はアリー・ジェーン・グロッサン、ブルームズベリー出版で本書執筆を委託してくれた彼女からの信頼なしには実現しなかっただろう。レインコーツの面々からは、わたしとの会話に喜んで応じてくれ、彼女たちのアーカイヴ素材に触れさせてくれたこと、また彼女たちの親切さ、ユーモア、寛大なスピリットに大いに恩恵を受けた。シャーリー、アナ、ジーナ、ヴィッキー、パロマ、ありがとう。初期段階での草稿を読み、重要なフィードバックと激励を提供し、細かなディテールを掘り起こし、レインコーツについて何時間もわたしと語ってくれた、皆さんひとりひとりに心の底からのありがとうを。特に、リンゼイ・ゾーラッズ、ロブ・シェフィールド、ローラ・スネイプス、ブランドン・ストーサイ、ジョリー・マヤ＝アルツラー、ピアー・ハリスン、カーソン・コックス、ジェシカ・ホッパー、ジェイソン・グリーン、ケイティー・アリス・グリアー、トビー・ヴェイル、ブレット・ライマン、ライアン・ネイドー、レイチェル・アッグス、トリップ・ワーナー、アリー・カーター、ケイト・ワドキンス、グレイス・アンブローズ、ジョナサン・ウィリジャー、ブライアン・ウォーターマン、ブリオニー・ベイノン、ジョーダン・リー、サム・ルフェーブルらに感謝する。

クリス・リー、サラ・エクランド、ソフィー・ホールへ、ロンドンおよびプロヴィデンスで滞在場所を提供してくれてありがとう。ジョー・マッキャンとキャスリーン・エリクソンへ、ケープ・コッドまで車で連れて行ってくれてありがとう。インタヴューのテープ起こしを手伝ってくれたタリー・スターンに、ありがとう。

二〇一一年に筆者がおこなったレインコーツとのインタヴューを補佐してくれたエミリー・フライドランダー、バンドと連絡をとらせてくれたマギー・ヴェイルに、ありがとう。そしてわたしのためにあのミックス・テープにレインコーツを含めてくれたニール・ターナーに、ありがとう――わたしはまだあなたに借りがある。

本書のアイディアの一部は、もともとはシアトルで開催された〈ポップ・カンファレンス〉の場で発表された。わたしを招いてくれた同イヴェント主催者たちに、どうもありがとう。尽きることのない感謝の念を、わたしの疑似家族『ピッチフォーク』の面々に捧げる。とてもここに述べ切れないほどわたしは彼らに多くを負っているが、特にマーク・リチャードソン、ライアン・シュライバー、ライアン・ドンバル、エイミー・フィリップスとジリアン・メイプスに感謝。そして何より、わたしの両親、そして姉妹のリズとマリッサへ、ありがとう。

引用・参照資料　Works Cited

10 Things I Hate About You. Gil Junger, dir. Buena Vista Pictures, 1999.
20th Century Women. Mike Mills, dir. A24, 2016.
Cobain, Kurt. Liner notes. *Incesticide.* DGC, 1992.
Goldman, Emma. "Marriage and Love" in *Anarchism and Other Essays.* New York: Mother Earth, 1910.
Goldman, Vivien. "New Raincoats Don't Let You Down." *Melody Maker*, 1 December, 1979, 24.
Graham, Dan. *Rock/Music Writings*. Brooklyn: Primary Information, 2009.
Kaye, Nick. Art Into Theatre Performance Interviews and Documents. Florence: Taylor and Francis, 2013.
Kearns, K. "Intraurban Squatting in London," Annals of the Association of American Geographers 69(4) (December 1979): 589–98.
Kraus, Chris. *I Love Dick.* Los Angeles: Semiotext(e), 1997.
Marcus, Greil. "Wake Up!" *Rolling Stone*, 24 July, 1980, n.p.
Reddington, Helen. *The Lost Women of Rock Music: Female Musicians of the Punk Era. London*: Equinox, 2007.
Reynolds, Simon. *Rip It up and Start Again: Post-punk 1978-84.* New York: Faber and Faber, 2006.
"Rough Trade." *The South Bank Show*, London Weekend Television. May 27, 1979.
Woolf, Virginia. *A Room of One's Own.* New York: Harcourt, 1929.
Woolf, Virginia. *The Waves.* London, Hogarth Press, 1931.

ジェン・ペリー／Jenn Pelly：ピッチフォーク編集者。『スピン』、『ナイロン』、『ヴィレッジ・ヴォイス』、『ガーディアン』、『ザ・ニューヨーク・タイム』、『ワイヤー』、『ローリング・ストーン』などに寄稿している。ニューヨーク在住。

坂本麻里子：1970年東京生まれ。日本大学芸術学部映画学科卒業。『ロッキング・オン』を中心にライター／通訳／翻訳として活動。訳書にイアン・F・マーティン『バンドやめようぜ！』、コージー・ファニ・トゥッティ『アート セックス ミュージック』、マーク・ウィーデンバウム『エイフェックス・ツイン、自分だけのチルアウト・ルーム』、ジョン・サヴェージ『この灼けるほどの光、この太陽、そしてそれ以外の何もかも――ジョイ・ディヴィジョン、ジ・オーラル・ヒストリー』、マシュー・コリン『レイヴ・カルチャー――エクスタシー文化とアシッド・ハウスの物語』。ロンドン在住。

ザ・レインコーツ、その後の活動
——編者による若干の補足

ジェン・ペリーが書いているように、一九七九年の『ザ・レインコーツ』を最後にパーモリーヴはバンドを脱退、このため一九八一年のセカンド・アルバム『オディシェイプ（Odyshape）』では、ドラムを実験的かつ政治的なバンドとして知られるディス・ヒートのチャールズ・ヘイワードと、のちに一瞬だがテレヴィジョン・パーソナリティーズで叩くイングリッド・ワイス、そして一曲のみ大御所ロバート・ワイアットが担当した。また、アナの奏でる親指ピアノをはじめ、ガラクタ屋で見つけたような複数の民族楽器が演奏されていることもあるが、何よりも流動的なその音楽性ゆえに、『ザ・レインコーツ』とはまったく別の指向（ジャズ、ダブ、中東、北アフリカなどの、計画性のないハイブリッド）を有した作品となっている。そしてそれは、「ロックとはこうでなければいけない」という規範に反しているという点においては、前作以上の強度があった。彼女たちの音楽的な実験のひとつの美しい極みであって、前作とは別種の魅力を持っている。

レインコーツの、いまとなっては第一期と呼べる時代の最後のアルバムとなったのは、一九八四年の

『ムーヴィング（Moving）』だ。ドラムに関しては、前作ではパーカッションで参加していたリチャード・デュダンスキー（初期のP・i・Lのドラマー）がアルバムの半分以上の曲で叩いている。楽器編成としてはサックスやトランペット、ヴィブラフォン、ダブルベースなどで厚みを持たせ、エスニックなテイストは残しつつもメロディアスで、三作中もっともまとまりが良い、ある意味ポップなアルバムとなった。

『ムーヴィング』の前年には、本書でもグリール・マーカスのライナーとともに紹介されているが、ニューヨークのパフォーマンス・アート・センター〈ザ・キッチン〉におけるライヴ演奏がカセットテープ『ザ・キッチン・テープス』として発売されている。それからおよそ十年後の一九九三年には、アメリカの大手〈ゲフィン〉が入手困難だったレインコーツの三枚をCDとしてリイシューしている。これが追い風となってバンドはアナとジーナのふたりによって再結成、ライヴツアーをこなしながら、一九九六年には新録音によるアルバム『ルッキング・イン・ザ・シャドウズ（Looking In The Shadows）』をお馴染みの〈ラフ・トレード〉（アメリカでは〈ゲフィン〉）から発表した。さらにその翌年には、コンピレーション・アルバム『フェアリーテイルズ（Fairytales）』をアメリカはポートランドの〈Tim/Kerr〉から出している。日本との関わりで言えば、二〇一〇年には初来日を果たし、二〇一八年にアナはPhewとの共作『アイランド』をリリースしている。

『ザ・レインコーツ』がリリースされた年ぼくは静岡の高校生だった。街の輸入盤店の新譜コーナーの壁にあのピンク色のジャケットの実物を初めて見つけたときの衝撃はいまでも忘れられない。当時のロックの美学的観点で言えば、『ザ・レインコーツ』はザ・ポップ・グループの『Y』などと並んであまりに〝異様〟だった。まさにいままでなかったものという、不思議な存在感があったのだ。が、当時は試聴はできないしラジオではかからない。どうしてもその異様なヴェールに包まれた音を知りたくて、当時の高校生には高価だったイギリス盤を、あるとき意を決して買った。もちろん、その選択が間違っていたと思ったことなどいちどもない、が、ザ・レインコーツというバンドがどんな背景から登場し、どんな考えを持ってどんな状況のなかで活動していたのかという情報を長いあいだぼくはほとんど知らずにいた。歌詞の意味もそうだが、四人のオリジナル・メンバーのそれぞれの個性など知りようがなかった。

本書はそして、その空白を埋めてくれるばかりか、素晴らしいインスピレーションを与えてくれる。自分のこれまでの人生において確実に欠落していたものがあるし、何よりもここには未来がある。

欧米の音楽シーンにおける（とくに電子音楽の分野では）女性の進出は凄まじいモノがあり、近年では良いと思った音楽のほとんどが作者を見たら女だったということがじつに多々ある。それは歌姫であるとか、性的対象物の女性であるとか、そういった男社会で機能してきた女性ではない女たちによる表現の数々だ。それにともなって、いままで語られてこなかった女性史が語られてもいる。たとえば二〇二一年六月にマンチェスターで開催された〈ファクトリー〉の回顧展では、男たちですべてをやったわけではないとレーベルに関わった女性たちにスポットが当てられていたという。他方では、歴史に埋もれていた女性電子音楽家の歴史的ドキュメンタリー『シスターズ・ウィズ・トランジスターズ』が上映されて評判となった。そしてちょうどタイミング良く、原書から四年後に翻訳された本書と同期するかのように、ジーナは二〇二一年一〇月、バンドのレパートリーとしてはすでに演奏していた〝フェミニスト・ソング〟を彼女のソロ作品として正式に発表した。我が国の政府はここ数年、世界で起きているこうした動向とは逆の方向性、ともすれば家父長制を強調するかのような悪い冗談にもならないマッチョな社会に向かっていった（「女性的」であることは休みなき競争を促す新自由主義とは噛み合わないとぼくはある女性議員から聞かされたばかりだ）。しかし、冒頭のパティ・スミスの歌詞にあるような「可能性でいっぱいの海」もまたたしかにあると、本書を読んでなおのことぼくはそう思っている。

最後にこの場を借りて、知的で情熱的で、内省的でもあり、繊細なタッチで描かれた、一枚のアルバム解説以上の、この意義ある書物を素晴らしい日本語に変換してくれた坂本麻里子氏に厚くお礼を申し上げておきたい。

野田努（二〇二一年一〇月二八日）

ザ・レインコーツ——普通の女たちの静かなポスト・パンク革命

2021年12月10日　初版印刷
2021年12月10日　初版発行

著者　ジェン・ペリー
訳者　坂本麻里子

編集　野田努（ele-king）
装丁　鈴木聖
協力　渡部政浩

発行者　水谷聡男
発行所　株式会社Pヴァイン
〒150-0031
東京都渋谷区桜丘町21-2 池田ビル2F
編集部：TEL 03-5784-1256
営業部（レコード店）：
TEL　03-5784-1250
FAX　03-5784-1251
http://p-vine.jp

発売元　日販アイ・ピー・エス株式会社
〒113-0034
東京都文京区湯島1-3-4
TEL　03-5802-1859
FAX　03-5802-1891

印刷・製本　シナノ印刷株式会社

ISBN　978-4-910511-07-8

ele-king books